青少年心理成长护航丛书

关注青少年心理成长，著名儿童心理学专家 李红 教授主编

走近心理学大师

主编 冯廷勇 副主编 张笑 何颖操

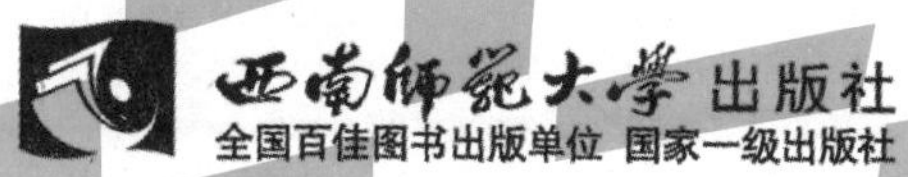

西南师范大学出版社
全国百佳图书出版单位 国家一级出版社

青少年心理成长护航丛书
编委会

给青少年朋友的一封信

亲爱的青少年朋友们:

你们好!

爱迪生、牛顿、居里夫人这些大人物,你们再熟悉不过了吧。年轻气盛的你们是不是也曾在心底暗暗发誓,要像他们一样,成为了不起的人呢?诚然,这些大人物确实激励着一代又一代的青少年拼搏向上。不过也有一些大人物,他们可能是你们并不熟悉的,但是他们同样拥有让人改变的力量,而且这种变化将会是持久而深刻的,他们就是心理学的大师。说到这里,你们是不是对他们感到好奇,或者对我的话有所怀疑?那就请跟我一起品读《走近心理学大师》,解开你们的种种疑问。

我们挑选了20位具有代表性的心理学大师,从成长经历、学术成就等各方面对他们进行了描述。

第一部分,我们对大师们一生的成就进行了简明扼要的概括。通过这个部分,你们可以从整体上快速地对大师们有所了解,而且我相信,仅仅这一小小的部分,你们就会对大师们心生敬畏,由衷地信服。

第二部分,大师们的成长经历。心理学家独特的个人经历,对他们的一生都产生了重大而深远的影响。基于此,我们选取了具有代表性的事件,对大师们的成长历程进行了描述,将大师们鲜活的形象呈现在你们面前。例如阿德勒,我们描述了从小体弱的他是如何战胜病魔、克服自卑的。又围绕其"偶然解决的一道数学题目"这一经历,描述了他是如何战胜自卑,成为一个乐观向上的人。还有像皮亚杰那样的天才儿童,

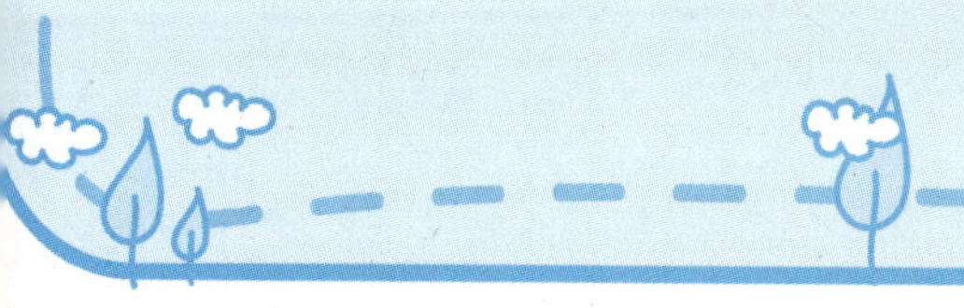

他们的童年又做了哪些让人赞叹的事情，在文中我们都进行了介绍。读过之后，你们一定会发现，大师们的成长，也同我们一样，有欢乐，有辛酸。难得的是他们都选择了坚强乐观地面对一切。

第三部分，大师的主要学术成就。一位大师一种经历，一种经历孕育一种智慧。因此，每位大师的思想都具有强烈的个人色彩，各成一家。为了让大家能够轻松地了解到大师们的思想精髓，对于理论部分，我们选取了简短贴切的故事来对其进行解释。如弗洛伊德提出的“潜意识”，我们用生活中常见的口误以及有趣的测验来进行说明；对于他的“三我”人格结构，则是以“廉者不受嗟来之食”为例，使其深入浅出。除此之外，我们还介绍了大师们巧妙无比的实验，比如桑代克的猫笼、斯金纳的教学机器和机灵的小白鼠等。这不仅大大增加了它的可读性，更会让你们觉得趣味无穷，获益匪浅。

第四部分，人物的评价。我们对每位大师都进行了简短客观的评价。有些是针对大师们的生平经历，有些是着眼于大师们的精深思想。这样可以对大师们最有感染力、最具有启发意义的部分画龙点睛，让你们读过之后印象更加深刻。

整本书的语言风格通俗活泼，篇幅短小精悍，相信你们读起来一定不会觉得烦闷。我们希望《走近心理学大师》不仅让你们能对心理学大师们有所了解，更希望《走近心理学大师》能丰富你们的生活，给你们带去轻松、智慧和力量。期待你们能像大师们一样，充满创造的勇气，在逆境中越挫越勇，在穷困中乐观向上。

最后，愿《走近心理学大师》伴随着你们阳光快乐地成长！

青少年心理健康导航组

目 录

勇敢的拓荒者——弗洛伊德

弗洛伊德(Sigmund Freud,1856~1939)奥地利精神病医生、精神病学家,精神分析学派的创始人。他自幼才华出众,精通拉丁、希腊、英、德、法、意、西班牙7种语言。文学素养精深,曾多次获诺贝尔文学奖提名,并于1930年荣获歌德文学奖。1936年被破格选为英国皇家医学会外籍会员。他在心理学史上的地位是无与伦比的,他的知名度更是超出了心理学,对文学、史学、哲学、艺术、宗教、法学、医学、社会学等诸多领域都有深刻的影响。他和牛顿、达尔文被并称为近世科学发展史上三个最为杰出的人物。

成长经历

家有"神童"

弗洛伊德出生在奥地利摩拉维亚弗莱堡的一个犹太家庭，他是同母所生8个兄弟姐妹中的长子，另外还有两个异母的哥哥。他的父亲是一个沿街叫卖羊毛、布匹、兽皮和生食的贫苦犹太贩夫。虽然是商人，但是他心地善良，乐于助人。父亲的这些性格，对弗洛伊德有很大的影响。

据说弗洛伊德的母亲怀胎未满十月，但是却有生产之相。父亲担心有危险，于是送妻子去医院，不料刚出院门，恰好碰上了一位路过的老妇人，妇人劝他们不要着急，并对弗洛伊德的母亲说这个孩子将来会是一位了不起的人物。没想到，弗洛伊德出生后，确实是聪慧过人，称得上神童了。他的父母也时常在他的儿童时代给他讲这件事。他没有读过小学，在上中学以前，都是在家里接受父亲的教育。尽管父亲的文化程度不高，但这并不影响弗洛伊德。他热爱学习，也乐于钻研。除了接受父亲的教育，他还喜欢挑选一些自己喜欢的书来看，尤其是《圣经》故事。在他识字的时候，他就对《圣经》里的人物充满了好奇，这也许就是他后来会对"人"有那么深入的研究的启蒙吧。他把父亲的书房当成自己的地盘，从自然学到博物学，还有历史、宗教等等，不管看不看得懂，他都要摊开来浏览一番，就算只是看些插图，也算是满足了他的书瘾。在他八岁的时候，他就已经看得懂莎士比亚的著作了，这对许多成年人来说都非易事呢。九岁的时候，由于具备了过人的智力，加上平时的努力自修，他以优异的成绩比入学年龄提前一年通过了中学入学考试。他的锋芒悄悄地显露出来。

在中学里，他并没有因为自己是提前入学而骄傲起来。他并不认为自己智力过人，而是将这一切视为命运的恩宠，所以他更加严格地要求自己，做什么都踏踏实实的，谨慎仔细，不甘人后。他还广泛涉猎各种学科，以拓展自己的眼界。这种好学的精神，加上天分，使弗洛伊德成为学校里的传奇人物。他在班上连续七年名列前茅，并曾经享受到一些特别优待，几乎所有的课程都免试通过，老师们甚至开玩笑说他的作业都是“全优免检产品”。17 岁时，他以全优的成绩毕业于吉姆那森学校。

潜心求学

中学毕业的弗洛伊德，面临着一生的职业选择。他对成为政治家及生物学家均感兴趣，但是作为犹太人，能供他选择的职业并不多，只有法律和医生。他没有成为政治家，也没有去研究物种，而是决定成为一名医科学生去研究人，这样还可以赚取一些费用，减轻家里的负担。1873 年，他进入维也纳大学，开始学医。他曾回忆到：“1873 年我刚进大学不久，就觉得有些失望。我先是发现，周围人满以为我会因为自己是犹太人而感到自卑和疏远。我绝对不会这么认为。我从来不知道为什么要对自己的出身或者如人们所说的‘种族’感到羞耻。于是，我就在这样不受欢迎的情况下置身于大学这个社圈，并没有感到太多的遗憾。我认为，对于一个积极的进取者来说，再怎么排挤，他还是能在社会的某个角落，寻得一块立身之地。”

弗洛伊德确实找到了自己的立身之地。他研究医学、神经病学、生理学等，并凭借他的天分闯出了一点小名气。在大学的时候，他在神经病学上已经小有建树了，后来又连续发表了多篇文章。不过他并没有将自己禁锢在这一个小小的领地，他还四处求学，广交好友，交流学术。1881年，弗洛伊德获医学博士学位。之后，他在一个精神病诊所行医，个人开业治疗神经病，同时致力于生理学的研究。他在巴黎与杰出的精神病专家让·夏尔科共事。他还曾与维也纳内科专家约瑟夫·布鲁尔共过事。布罗伊尔医生与他的关系最为亲密。布罗伊尔也是个远近闻名的医生，并且熟识催眠疗法。弗洛伊德有幸多次见到布罗伊尔用催眠法治疗癔病，并且疗效神奇，这让弗洛伊德很是兴奋，他不得不感叹，身心的关系竟然如此微妙，痛在身上，但却是病在心里。都说心病难医，但谁又能说这不是好办法呢？在布罗伊尔的影响下，弗洛伊德潜心学医，并慢慢转向对神经病症的治疗。

求学趣事—“扫烟囱”

布罗伊尔有个特殊的病人，叫做安娜·欧（假名），是一位年轻的妇女，患有歇斯底里症。布罗伊尔已经为她治疗一年半了。她是个娇生惯养的姑娘，父母是富有的犹太人，弗洛伊德受这个病案的吸引，让布罗伊尔详细透露了病情，并在数年后与布罗伊尔一起写了一份报告，后来被称作心理分析学的第一份个案报告。这只是一粒种子，心理分析学生根发芽、

开始成长是从这里开始的。

安娜·欧是位漂亮而且有头脑的姑娘,21岁。她因患有严重的歇斯底里症而病倒在床,失去了胃口,肌肉无力,右臂麻痹,还有一紧张就咳的严重毛病。她的父亲去世后,她的病情也更加严重了。她有遇见黑蛇和骷髅的幻觉,语言发生障碍,哪怕渴得要死也不能喝水,还有一阵阵恍若在梦中的空虚感觉,她把它叫做"时间消失"。

布罗伊尔告诉弗洛伊德,他一直定期为她看病,可无能为力,直到有一次碰巧撞上了一种很奇怪的新方法。在她产生幻觉的时候,她常会呢喃地说出一长串词,而布罗伊尔发现,给她稍加催眠的话,他就可以让她重现意识里的一些图景和幻想故事。之后,她会有好几个小时不再有精神混乱。他把它叫做"谈话疗法"或者"扫烟囱"。

布罗伊尔告诉弗洛伊德,"谈话疗法"很有意义,如果可以让病人在催眠状态下回忆起某种特殊的症状最早是在什么时候、以什么样的方式出现的话,这种症状就会消失。例如,有一次,他为他的病人追踪为什么不能喝水。他对病人进行催眠,并引导她一步步地往前回想,最终追溯到很久以前的某个时候,她曾看见一条小狗在水杯里喝水,觉得十分恶心,从那以后,她便不能喝水。经催眠之后她想起了这件事,醒过来以后,便可以喝水了,而且这个症状再也没有出现过。

还有一个例子就是通过"谈话疗法"摆脱了右臂麻痹。同样也是在催眠的情况下,病人回想起,一次她在照顾父亲的时候,她的那只胳膊垂在椅背后面麻痹了,这之前,她曾做过一个梦,梦见一条黑蛇向她爬来,而她却不能用胳膊赶走它。于是她便潜意识地认为自己的胳膊麻痹了。用了这个方法后,症状很快就消失了。

第一次被抛弃

1887年,弗洛伊德也学会了用催眠治病。但到了1892年左右,他发

现催眠的疗效不能持久，就改用他特创的精神分析疗法，借以挖掘忘记了的观念或欲望，弗洛伊德将之称为“自由联想”。他认为很多难以解释的神经病症都是源于被压抑的欲望，内心的欲望长久得不到满足，就会生病。就像著名的“范进中举”一样。范进考了一辈子的试，年过五旬之后竟然中了举人，结果却因过度兴奋而发了疯。

弗洛伊德经过整理来访病人的病历，提出了一个前无古人的理论，那就是性能量，弗洛伊德称之为“力比多”。在那个保守的年代，在那个极其崇尚纯洁高尚的年代，这一理论一经提出，就引起了学术界的大战。不论是贫民窟还是皇室贵族，不管是商业还是工业，都纷纷指责弗洛伊德是如此的粗鄙。因此，他被迫离开了自己的任职之地。但是他并没有放弃，依然继续着他的理论研究。尤其是“小汉斯”这一成功的病例，更是让弗洛伊德坚信他的理论的独到性。他相信他的观点是一针见血的，他说出了旁人无论如何也不敢说出的话，而他认为这就是事实，这才是真理。但是他的这一观点最终还是使他失欢于布罗伊尔，并导致了精神分析学派的分裂。不过，这些都没有影响到弗洛伊德，他对自己的工作仍然充满了信心。他在自传中也写道：“回过头来，看看我这一辈子所做的杂碎工作。可以说，我做了许多开创性的工作，也提出了许多建议。将来，某些东西会从中诞生，不过，我自己还不能够说这些东西是大是小。然而，我可以表达一个希望，即我打开了一条通道，沿着这个通道，我们的知识会有长足的进步。”

●第二次被抛弃

与布罗伊尔决裂之后，他对自己进行了艰苦的自我分析，提出了恋母情结，即仇父恋母的情绪倾向。加上经验的积累，他对自己的“性”理论又进行了修正和补充，将“性”的意义予以扩展，而不再像最初那样尖锐。慢慢地开始有人对他的观点感兴趣，尤其是他的著作《梦的解析》于1900年问世后，弗洛伊德更是声名大噪，各地学者纷纷找他交流学术，学习精神分析。其中阿德勒和荣格就曾是弗洛伊德的得意门生。弗洛伊德还亲切地称荣格为儿子，希望荣格可以继承他的衣钵，将精神分析发扬光大。但是弗洛伊德太过固执，也太过自信，“性”并不能解释所有的事情，但是他却不听劝说，最终阿德勒和荣格因反对这个观点而先后另立门户。弗洛伊德再次陷入了孤单。

再次被抛弃的弗洛伊德还是不肯罢手，他说：“我并不指望能有很多的人爱我，因为我没有让他们变得高兴，也没有为他们提供舒适的生活，更没有给他们以熏陶。这些也不是我的本意所在，我只想去探索，解开一些谜团，揭开一部分真理。”所以，弗洛伊德一直坚持自我分析，并发展出了更多的理论，撰写了更多的著作。不幸的是，1923年春，他被诊断患了口腔癌，往后的七年时间里，他又接受了33次手术。虽然非常痛苦，但他拒绝使用止痛药，只为了保持头脑的清醒，继续为病人诊疗和著述，直至1939年去世。他将自己的一生完全献给了他的病人、他的思想、他的坚持。

学术成就

梦是什么？

我们的一生，有三分之一的时间是在睡眠中度过的。做梦是我们司空见惯的事情，但是梦境里的故事却常常是匪夷所思的。在弗洛伊德看来，看似杂乱无章的梦却充满了意义。

弗洛伊德认为梦是愿望的满足，也就是说，那些我们渴望的但又不能立即实现的愿望常常会在梦里达成，就像我们经常听到的“白日梦”、“美梦”。而且弗洛伊德认为不管是美梦还是噩梦，都有可能会成真，梦可能是未来将要发生的事情的预兆。梦还有可能是灵感的源泉。比如化学里常见的“苯”，它的结构的发现，就得益于德国化学家凯库勒的一个梦。

当时，大家都知道苯有6个碳原子和6个氢原子，可是它们是怎么组合的呢？这把所有的人都难住了，凯库勒也是百思不得其解，没日没夜地在实验里算啊画啊，可还是毫无头绪。

一天晚上，凯库勒坐马车回家。也许是由于连日来用脑过度，他在摇摇晃晃的马车上睡着了。睡梦中，他梦见了几只猴子在嬉闹，扭动着、摇摆着，手拉手、尾巴连着尾巴，变成了一个环。

“先生，您到家了！”车夫的叫声惊醒了凯库勒。清醒过来的凯库勒马上想起苯的结构。对，它一定是像猴子那样头尾相接构成环状结构！凯库勒立即奔向书房，迫不及待地抓起笔在纸上画了起来。一个首尾相接的环状分子结构出现了。经过进一步论证，凯库勒终于第一个提出了苯的环状结构式，解决了有机化学上长期悬而未决的一个难题。

那些你不知道的事

在弗洛伊德看来，人的所有言语和行为都是有意义的，哪怕是日常生活中的那些不经意犯的小错误。恰恰就是这些很不起眼的小小失误，反而才是你内心最真实的想法。

你没有胡说八道——“口误”

对日常生活中的“口误”我们多半会一笑带过，但是弗洛伊德发现，事情没有那么简单，有果必有因。

（一）Ross和Emily在伦敦一个教堂举行婚礼，在悠扬的英格兰乐曲中，Emily跟着牧师宣誓：“我，Emily，将把Ross当成我的合法丈夫，无论贫穷与富有、健康与疾病，我们都将厮守一生！”轮到Ross宣誓：“我，Ross，将把Rachel……”在场亲友顿时大惊失色——Ross居然把Emily的名字错说成原来的恋人Rachel！（原来在Ross的心里还是喜欢Rachel的，并且希望能够和Rachel结婚，他的口误正是表达了他的真实想法。）

（二）新年就要到了，电视台要现场直播新年晚会。主持人是台里刚来的新人。由于是第一次上台，而且还是现场直播，她十分紧张。随着音乐的响起，时间到了，她走上台来，与观众问好：“亲爱的观众朋友们，电视机前的朋友们，欢迎大家收看由××主办的联欢晚会。我们的节目马上就要结束了……”话音未落，所有的人都张大了嘴巴，节目才刚要开始，怎么说节目就要结束了？（主持人自己解释说，因为第一次主持这样盛大的晚会，太紧张了，希望晚

会早点结束，根本就没有意识到自己把心里的想法脱口而出了。）

你没有胡思乱想——“浮想联翩”

弗洛伊德认为，你对别的人或事的猜测或想象，可能就是你自己内心的想法。

这是一个有关“潜能”的测验。我们的缺点总是很容易被人发现，但是我们的潜能却不是那么容易被发掘。弗洛伊德则想出了这种“自由联想”的方法来探究未知的我们。

看着上页的图，回答各题。

1. 河上有两艘船，船向着桥洞驶去，你认为船会

A. 通过桥下继续前进　B. 碰到桥　C. 回头

2. 请注意隧道：路上有一辆汽车，你觉着这辆车是要驶入隧道，还是刚从隧道驶出？

A. 刚驶出隧道　B. 正要驶入隧道　C. 不知道

3. 桥上站着一个女孩，你觉得桥上的女孩正在

A. 眺望美丽的风景

B. 正在想水有多深

C. 正在寻找迷路的朋友

4. 从女孩的后面看去，有一座大山。看见大山，你想说的一句话是

A.“好壮观的山啊！”

B.“看起来很像一张人脸。”

C.“看起来很像一个人的背影。”

5. 如果要你为这个地方取个名字，你想取个什么样的名字

A. 迷失之乡　B. 梦幻之乡　C. 恶魔之乡

6. 在整幅画中，你对下面的哪一样印象最深刻

A. 桥上的女人　B. 远景的山　C. 两艘船

计分方法如下：

第一题：A 1分	B 3分	C 5分
第二题：A 1分	B 3分	C 5分
第三题：A 5分	B 1分	C 3分
第四题：A 1分	B 3分	C 5分
第五题：A 3分	B 5分	C 1分
第六题：A 1分	B 3分	C 5分

看看你属于哪种类型？

6～11分—A型：你有很强的领导潜能。在突发情况下，你不会失去判断力和勇气，有很强的吸引力，因此周围的人都愿意相信你。越是给你重要的任务，你越是能够发挥实力。如果你现在并不是很突出的人，或者比较腼腆，在以后的学习生活中，你就需要正视自己这方面的潜力，加强自己的自信心，建立有力的信念，积极地发挥自己的这一才能。

12～17分—B型：你的行动力强，是一个重在行动的人。你遇到事情，不会去挖空心思制订出五花八门的计划，而是立刻行动起来。不过你比较急躁，总是希望做了什么之后，能够很快看到结果。你有强烈的锐气和闯劲，再艰难的任务，你只要做，就能不惜时间和精力地投入。你会是个不怕挑战的人。

18～23分—C型：你具有杰出的判断能力，你会时刻保持头脑清醒，对事物做出详细的分析。因为你具备这种判断和分析能力，所以你在管理、研究、分析等方面都具有优势。如果你能充分发挥自己的优势，就会获得他人的好评和尊重。

24～30分—D型：你具有较强的幻想力和创造性，灵活性强。你在行为上偏重于跟着自己的感觉走。你需要的是学习上的知音，他的协助对你非常必要。有的时候，你也具有非凡的灵感，能够很顺畅地发挥出独创性。

你是不是容易被催眠

除此之外，弗洛伊德还巧妙地利用催眠来让人们自由地联想，以发现人们隐藏在心底的秘密。这在许多人看来，都是特别神秘的。不过催眠可不是万能的，也并不是所有的人都能被催眠。要想知道自己是不是容易被催眠，先完成下面的任务。

闭上眼睛，将两只手向前平伸。集中你的注意力，想象你的左手上牵着一个气球，右手上托着一块石头。气球不断地往上飘，不断地向上飘。右手上的石头不断地往下压，不断地下压。请继续想象，不要睁开眼。气球在上升，要抓着气球不要让它飘走了。石头还在往下压你的手。想象三分钟。睁开眼，看看你的两只手有什么变化。如果你的左手和右手是一个在上，一个在下，那么你就容易被催眠；不是的话，那么你就不容易被催眠。

三个“我”

中国人常说：“一撇一捺写个人，一生一世学做人。”汉字的“人”是由两部分组成的。我们将一撇称作“积极的我”，将一捺称作“消极的我”。只有当“积极的我”大于“消极的我”的时候，这个“人”才是“人”。倘若“消极的我”反过来比“积极的我”大，那么人就不再是“人”，而是“入”了。

弗洛伊德却认为，每个人都是由三个“我”合成的。第一个“我”叫“任性”，他总是我行我素，不管合理不合理，不管对错，只要是自己想要的，就会去做。第二个“我”叫“道德”，专门跟“任性”作对，只要是他觉得不对的，他就绝对不允许“任性”胡来。第三个“我”就叫“现实”，他是“任性”和“道德”的监察员，在做出实际的行动之前，“现实”都要先综合分析“道德”和“任性”的意见，然后再做出最后的决定。

春秋时期，有一年齐国发生了严重的饥荒，庄稼颗粒无收，有许多人被迫到外面逃荒要饭。有个叫黔敖的财主，家里囤积了许多粮食。他为了得到一个好名声，就熬了些稀粥，施舍给那些路过的饥民。饥民们一个个都饿得受不了，见黔敖施舍稀粥，都对他千恩万谢。黔敖心中也很得意，觉得自己简直就是这些人的救命恩人。

正在他得意的时候，又有一个饿汉走了过来。那个饿汉蓬头垢面，浑身瘫软无力，走路摇摇晃晃，一看就知道肯定是好几天没有吃过东西了。黔敖就用勺子敲着锅沿，对那个人叫道：“喂，快过来吃啊。”语气中充满了居高临下的味道。这个时候，饿汉犹豫了，脑袋里“任性的我”在催促着他“快吃快吃啊，再不吃该要饿死了”。可是“道德的我”却紧劝着他“不能吃，不能吃啊，太没骨气了。吃了就让他看扁了，他一定会更加羞辱我们的，士可杀不可辱啊”。

脑袋里两个“我”激烈地争斗着。“现实的我”左思右想，不吃的话就要挨饿，吃的话就太没尊严了，吃还是不吃呢？

最后“现实的我”还是觉得树活一张皮，人活一口气，不能吃。饿汉看也没看锅里的粥，而是扬起脸对着财主说：“像你这样瞧不起人，我就是饿死了，也不吃你的粥。”

人物评价

“生命不息，奋斗不已”，这就是弗洛伊德。弗洛伊德的一生就像他在大学里说的那句话一样，他从不因为自己的出身或者种族而感到羞耻或自卑。他认为，只要自己能够积极进取，就可以有一番作为，就能有自己的立身之地。他做到了。尽管他的理论不被接受，但他还是用一生去坚持，去守护。但凡是站在云端的人，都要能承受得住寂寞，他也做到了。他是一个大无畏的人，是真理的勇敢卫士。他的确是个天才，直到今天，人们还是不能完全理解他的思想，但这不是重点，重点是他教会了人们要坚强，更要坚持，要敢想更要敢做，这样你就可以成功，就可以成为一个顶天立地的“人”。

神秘的教主——荣格

荣格(Carl Gustav Jung,1875～1961),瑞士心理学家和精神分析医师,分析心理学的创立者。早年曾与弗洛伊德合作,曾被弗洛伊德任命为第一届国际精神分析学会的主席。荣格是一位学贯中西、著作等身的学者,他独树一帜的心理学理论赢得了当时乃至今天世人的普遍认同和赞誉,从而成为与弗洛伊德比肩的世界级心理学大师。荣格的分析心理学中的集体无意识理论可以解释其他心理学流派所无法解释的现象,如宗教、神话、象征、超感官知觉等。他把众多的人类活动都包含在这一理论之中,在历史、文学、人类学、宗教以及临床心理学领域产生了无比深远的影响。

成长经历

宗教家族的古怪孩子

荣格出生于瑞士的凯斯威尔，六个月大时，移居到莱因瀑布边的洛封城堡。他对家族相当热衷。家里的八个叔叔及外祖母都是担任神职的人员，家庭中浓厚的宗教气氛培养了荣格的神秘主义倾向。荣格有两个哥哥，但都在他出生之前夭折了。他的父母不和睦，经常吵架，母亲的性情反复无常。这样的家庭氛围使得荣格自小是个奇怪而忧郁的小孩，具有特别的个性。很小的时候，他就问小孩和各种小动物是怎么来的。大人于是告诉他，出生的小孩和各种动物的幼崽都是鹳鸟在晚上从月亮上叼来的。但从小就喜欢独立思考的他却觉得，小猫小狗由鹳鸟叼来，听起来还有点道理，但是像小牛犊这样重的东西，鹳鸟怎么会叼得动呢？

荣格性格孤僻，想象力丰富。他常常一个人玩，自己设计各种模仿宗教仪式的游戏。喜欢独自面对美丽的湖光山色，享受与大自然默契的愉悦，领悟大自然给他的神秘启示。荣格的父亲也是一位虔诚的牧师，几乎把信仰当成他生命的全部。他要荣格坚信上帝是至善和全能的。这时会读《圣经》的荣格却觉得并非这样。他想上帝既然全知全能和至善，在他创造了世间万物和人类的始祖亚当夏娃后，为何还要创造出引诱亚当和夏娃偷吃禁果的蛇呢？他还要亚伯拉罕杀了自己的儿子以撒作献祭，以此来考验他的诚心；他甚至让大洪水淹没这个世界来祸害人类等。所以荣格认为上帝不是至善的。但是父亲告诉他，信仰是不能加以怀疑的，这使荣格感到苦恼。他认为父亲的信仰无力面对现实，只能讲述空洞的神学教条。他对基督教非常失望。荣格做过一梦，梦见上帝的粪便击碎精美的教堂，因此荣格背离了基督教。不过，荣格不是远离了宗教，相反，荣格终其一生都对宗教经验保持着莫大的兴趣。正是因为他没有使自己隶属于任何一个宗教，所以他才有了自己独特的信仰，有人指出："无疑，荣格是一个有着自己基本教义的新的宗教圣人，而他就是自己的教主。"

荣格"逃学"记

6岁之后，荣格除了跟着父亲学习拉丁语外，也开始了他上学的生涯。荣格是一个智力超群的人，十几岁时就广泛阅读过古希腊罗马哲学家、中世纪经院神学家以及近代哲学家黑格尔、康德、叔本华、尼采等人的著作。在上学期间曾发生过一件奇怪的事情，就是这段独特的经历第一次教会了荣格什么是心理问题。

初夏的一天，一位少年走在放学的路上，突然另一个少年上前推了他一下。他摔倒了，脑袋碰在了路边的石头上，瞬间，他的脑海中闪过了一个念头："现在你可以不必去学校上学了。"

在地上躺了很长时间，他站起来回了家。他没有受什么严重外伤，但是从那以后的一段时间内，他却常常昏厥。在连续多次昏厥后，他被允许回家休息六个月。医生找不出他的病因，他的父母也几乎绝望了。而他自己却很高兴能从学校里逃出来。一次他偶然听到父亲与一位朋友的谈话："孩子的病要是治不好的话，就太可怜了。我已经花光了所有的钱，而他以后都不能学习了，这可怎么办？”这个十二岁的少年被父亲的话震惊了。他得出结论：自己必须要学习了。他拿起书，想开始学习，但强烈的昏厥发作了。他坚持着，过了好几分钟，他的情绪开始稳定下来，在克服了三次昏厥发作的侵袭后，他感觉到他终于完全战胜了自己的昏厥症。他的努力成功了。几星期后，他返回学校，对学习更加自觉了，并且他的昏厥症以后再也没有发作过。

后来荣格才慢慢开始明白，原来心理问题就是病由心生。总是生病，还老是医治不好，那不是因为病不好治，而是因为生病让病人得到了某种好处，比如不用上学，所以他不愿意被治好。还有一个原因就是受到了心理暗示，总是暗示自己生病了，于是就真的生病了。这就是心理问题的独特现象。

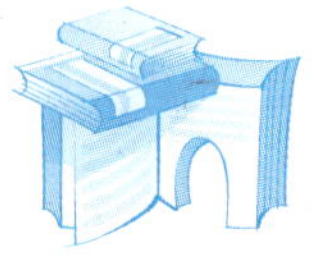

选择精神病学

大学时期，荣格对于选择自然科学还是人文科学犹豫不决。虽然将真理建立在事实上的自然科学颇受荣格的青睐，但是和宗教有关的一切，像希腊、罗马、埃及史学考古也很吸引他。就在他进退两难的时候，他想起了曾祖父曾经是个医生，而学医至少可以和科学结缘，医学的范围又相当广，以后也有许多机会专攻某个领域，所以他一脚踏入其中。

在巴塞尔大学医科学习的第三年，他毅然放弃了老师提携他做助手及到维也纳进行内科深造的良机，转而决定学精神病学。作出这一举动实在非同寻常，在荣格的家人看来，这比他沉迷于神学还糟糕。因为在当时，精神医学并没有完整地发展，精神病学完全是胡说八道，而精神科的医生差不多也像精神病人一样古怪，精神疾病就犹如无药可治的绝症一般。然而荣格作出这一决定，是因为他下意识地感觉到，这才是他命中注定的事业。这种感觉源于他参加国家考试的一次经历。他翻开了由埃宾所编的教科书,“大概是由于精神医学的发展还未完全,精神医学的教科书或多或少被贴上了主观的烙印”这句话给了他启示:精神病患是因为人格方面有问题。他被深深地震撼了,决心要学习精神病学,解开人类神秘的人格之谜。1900年12月,他在苏黎世的伯戈尔茨利精神病院谋得了助理医师的执照,离开了充满腐朽传统气息的巴塞尔。

荣格反复提到:“我深信,心灵的探讨必定会成为未来一门重要的科学,这是一门我们最迫切需要的科学。世界发展的趋势显示,人类最大的敌人不在于饥荒、地震、病菌或癌症,而是在于人类本身。因为,就目前而言,我们仍然没有任何适当的方法,来防止远比自然灾害更危险的人类心灵。”

为了考察人的心理、宗教与风俗习惯,荣格两次到过非洲腹地的肯尼亚与乌干达,到过新墨西哥考察村居印第安人的宗教,到过斯里兰卡和印度,研究过印度哲学和佛教。他读过大量哲学、历史、文学、炼金术、星相学等著作,熟悉中国的《易经》和炼丹术,对于卜卦、心灵感应、特异功能、招魂术、降神术、飞碟、宗教象征等均有了解与研究。在外语方面,他掌握了英语、法语、拉丁文和希腊语。正是由于他以如此博大的人类文化滋养和武装了自己,才造就了他那文化巨人的身材!

旅途驿站 1：神秘的梦

梦，是世界上最古老，也是至今没有完全破解的心理现象之一。大约在公元前2000年，古埃及人已开始根据梦境的征兆预言未来。一本在莎草纸上写就的“梦书”中，记载了诸如梦见锯木头代表敌人死亡、梦见牙齿脱落代表亲人被杀害等的条文。

对“梦”有研究的绝非弗洛伊德一人，作为弗洛伊德入室弟子的荣格，在解梦方面也颇有成就。据他估计，他的一生大约解过80000个梦。同弗洛伊德一样，荣格也认为梦不是伪装和欺骗，而是一部用特殊语言写成的书。

梦境一：荣格曾回忆说有一个男子来找他解梦。男子告诉荣格，他近日来养成了一种几乎是病态的癖好，喜欢攀登陡峭险峻的山峰。他说他在寻觅到达“个人之上”的境界。一天夜晚，他梦见自己从一座高山的顶峰踩空而跌入虚无的空间。

听完男子叙述的这个梦，荣格即刻感觉到男子所面临的危险。他竭尽全力警示男子要十分注意梦向他发出的警告，劝他不要再去登山。荣格甚至告诉他说，他的梦预示着他将死于一次登山的事故之中。但是，男子对荣格的劝告置若罔闻。

六个月之后，他“踩空坠入虚无的空间”。一位负责登山的向导看到男子和他的一位朋友抓着绳子到了一个陡峭的危险之地。那位朋友在崖壁的突起之处找到了一个暂时的立足点，男子便跟随着他的朋友向下探寻。突然之间，他松开了手中的绳子。据那位向导说，“他仿佛是跳进太空之中一样”。他的身体落在了他的朋友身上，他们一同跌进深渊，双

双毙命。

梦境二：《圣经·旧约》中也有类似的圆梦故事。

一天，埃及的法老梦见自己站在河边，有7头肥壮的母牛从河中游上岸来，静静地站在芦苇中吃草。接着，又有7头瘦骨嶙峋、面目狰狞的牛从河中浮起，吞掉了前面的7头肥牛。随后，法老又做了一个梦，梦见一棵麦子上长着7个麦穗，麦穗肥大而饱满。不一会儿，上面又长出7个麦穗，瘦弱而干瘪。就像刚才一样，瘦弱的麦穗把那7个饱满的麦穗吞吃了。法老从梦中醒来，百思不得其解，于是，他把全埃及所有的术士都召集到宫中，来帮他解梦。术士们见仁见智，但都无法给出一个圆满的答案。

后来，还是一个被关在牢里的先知约瑟帮他揭开了谜底：7头肥牛与7个饱满的麦穗象征了7个丰收的年份，随后来的那7头瘦牛和7个干瘪的麦穗代表了7个荒年。这预示着埃及将会出现7个丰年，但是接着就要来7个荒年。如果不加以准备，荒年来临后，将会满目疮痍、饿殍遍野，当年的丰收景象将会荡然无存。

约瑟告诉法老，应该在丰收的好年景里把粮食储备起来，储备充足，荒年来临后才会有备无患。后来，约瑟的预言果真应验了，幸亏事前有了充分准备，埃及才躲过了这场史无前例的大灾荒。

那么，梦里面果真有超自然的东西吗？我们不得而知。关于梦的作用，心理学家也是众说纷纭。荣格说："梦是开设在灵魂深处最隐蔽角落的小小隐秘窗口，它所通向的宇宙夜空是心灵性的，在自我意识出现之前很久就已如此，而无论我们的自我意识的疆界如何扩展，它将始终通向心灵的夜空。"话说回来，我们何必非要探个究竟呢？将梦看做是自然对人类的馈赠，让它保留着它神秘的色彩，待人们细细去品味吧。

旅途驿站2:神秘的性格

在心理学的类型理论中,以荣格提出的内倾型和外倾型性格最为著名。1913年,荣格在慕尼黑国际精神分析会议上提出了内倾型和外倾型的性格,后来,他又在1921年发表的《心理类型学》一书中充分阐明了性格类型的特点。

荣格认为人有两种态度:外倾和内倾,也就是外向性和内向性。他认为:外倾型的人重视外在的世界,喜欢社交、活跃、开朗、自信、勇于进取、兴趣广、易适应环境;内倾型的人重视自己的内心世界,好沉思、善反省、常自我欣赏和陶醉、孤僻、缺乏自信、害羞、冷漠、寡言、较难适应环境的变化。

荣格又认为人有四种机能:感觉、思维、情感和直觉。感觉告诉你存在着某种东西;思维告诉你它是什么;情感告诉你它是否令人满意;直觉则告诉你它来自何处和向何处去。

按照两种态度类型与四种机能的组合,荣格描述了八种性格类型。

(1)外倾思维型。该类型的人,既重视外在的世界,又偏向于思考。他的思想特点是一定要以客观资料为依据,总是围绕着外来的信息进行思考。这类人情感压抑,很少表现出来,也缺乏鲜明的个性,有时候会让人觉得冷淡、傲慢。

(2)内倾思维型。该类型的人,既关心自己的内心世界,又偏向于思维功能。他们除了思考外界信息外,还思考自身的精神世界。同样,他

们也具有情感压抑的特点，并且常常沉浸在幻想之中，也给人一种冷漠、固执、骄傲的感觉。

(3)外倾情感型。该类型的人，关注外在的环境，而且感情丰富。他们不会过度地思考问题，并且情感外露，喜恶都写在脸上，很容易就可以看出来。他们还爱好交际，寻求与外界和谐。

(4)内倾情感型。该类型的人，既内倾，又偏向于情感功能。情感深藏，不动声色。沉默，力图保持隐蔽状态，易忧郁。

(5)外倾感觉型。该类型的人，既外倾，又偏向于感觉功能。其头脑清醒，积累外部世界的经验，对事物并不过分地追根究底。寻求享乐，追求刺激，情感浅薄。

(6)内倾感觉型。该类型的人，既内向，又偏向于感觉功能。他们远离外界，常沉浸在自己的主观感觉世界中，艺术性强。

(7)外倾直觉型。该类型的人，外向，习惯依靠直觉从外界环境中发现各种可能性，并不断寻求新的可能性。这种人可以成为新事业的发起人，但不能坚持到底。

(8)内倾直觉型。该类型的人，内向，相信自己的直觉。多是根据自己内在的精神世界发现各种可能性。不关心外界事物，脱离实际，善幻想，观点新颖，但有点稀奇古怪。

荣格的类型理论已广泛地应用到教育、管理、医学和职业选择等领域，因为这种划分带来了使用上的方便。现在已有许多研究证实了内外倾是人格的主要特质，心理学家还编制了测量内外倾的量表。

人物评价

历史上，只有极少数的灵魂拥有宁静的心灵，以洞悉自己的黑暗，而开创分析心理学的大师荣格，便是这少数人之一。他用望远镜来观察人类的心灵，看似乱糟糟的一团，他却说看到的是一个美丽的宇宙，他给意识增添了宇宙内不为人知的宇宙。他是现代思潮中重要的变革者和推动者之一。

一个在事业上取得杰出成就的人，往往有着与众不同的禀赋和气质。荣格一生保持着自己的平民风度而仅仅在精神上显得是一位“巨人”或“贵族”。他坦率自然，毫不装腔作势。他十分民主，从不自认为了不起。他风趣健谈，又能专心听别人谈话，从来不显得匆忙，从来不显得心不在焉。他对问题的把握灵活变通，表达简练准确，能够容忍和接受不同的意见。尽管后来他与弗洛伊德分道扬镳，但他依然是弗洛伊德最得意的弟子。

实验心理学之父——冯特

威廉·马克西米利安·冯特（Wilhelm Maximilian Wundt，1832～1920），德国心理学家、哲学家，构造主义心理学的代表人物。1879年任莱比锡大学哲学教授，1879年在该校建立世界上第一个心理学实验室，这个实验室的建立意味着现代实验心理学的开始，也意味着科学心理学的确立。在莱比锡大学任教期间，他培养了一大批学生，为心理科学的开创及发展造就了一代新人，因此被誉为近代心理学第一人。

成长经历

爱走神的小男孩

1832年，冯特出生于德国曼海姆城附近的尼卡拉地区，父亲是一位新教的牧师，整天潜心于宗教事业，无暇顾及儿子的教育。冯特是家里四个孩子中最小的一个孩子，在出生后的第一年就患上了严重的疟疾，因此他的身体十分虚弱，其他的孩子都不喜欢跟他一起玩，这使得他非常孤独，于是他常常沉迷于自己的幻想世界里。他做白日梦的习惯曾一度严重地干扰了他早期的学习生活。

在很长一段时间里，冯特一直没有显现出才气来。因为自己的羞怯和其他孩子的排斥，他小时候唯一的好朋友是一个患有严重语言缺失障碍的弱智男孩。在学校里，他总是不能很好地专心于课堂的内容，神情恍惚，学校中让人压抑的氛围迫使他更加沉浸到自己的思维当中。冯特读一年级的时候，有一天父亲来学校看他，发现他心不在焉的样子，盛怒之下竟当着很多同学的面扇了他几耳光，冯特永远也忘不了这件事，然而这并没有改变什么。当他在布鲁西萨尔上天主教专业学校时，他仍然像一个不长进的白日梦患者，他的老师常常公开打他。爱走神的小冯特虽然没能得到周围人的喜爱，却养成了一种孤独和沉静的性格，培养了一种爱思考的个性。

奋发图强之路

冯特进入高一年级时，他仍然无法适应，老师们认为他懒散、注意力不集中，不适合做任何事，除非是没有要求的职业。这使冯特感受到了前所未有的痛苦，他又退缩了。根据以往的表现来看，冯特的学业前景是暗淡的，连他自己也不知道以后能干什么。但是，后来有一件事却让他的人生出现了重大的转折。在他13岁的时候，他在他阿姨家住了一阵子，他的家人让他跟勤奋的哥哥在一个房间里学习，并且不允许他再做出白日梦这样的举动来。在哥哥的不断提醒和帮助下，冯特慢慢控制了自己走神的毛病。让人惊讶的是，冯特之后的表现有了相当大的改善，学业成绩也有所提高，虽然还是算不上优秀。

后来他报考了杜平根大学，专业是医学。然而他对生理学的兴趣要浓于对医学的兴趣，向往着成为一名生理学家，这让他很苦恼。在那里他玩耍晃荡了一年，什么也没有学到。第二年，他转往海德堡大学，在这期间，他的父亲去世了，使得家庭一下子陷入了贫困的境地。冯特突然意识到已经没有钱可以供他读完大学时，他发生了令人吃惊的变化。他带着满腔热情一头扎入了他原本并不喜欢的医学学习中，竟在三年内顺利地完成了学业，并在1855年的医学全国会考中获得第一名，从而获得了有最高荣誉的医学博士学位。

●慈爱而专横的教授

大学毕业后，冯特留在了海德堡大学从事生理学的教学工作。次年，当著名的感官生理学家赫尔姆霍茨前来该校建立生理研究院的时候，冯特申请当他的实验助手，并得到了这份工作。这时的他才20多岁，年轻有为。然而他不满足于担当一个研究助手的角色，他向校方申请在人类学专业开设一门新的课程，即我们今天所说的文化心理学，也就是研究个体和社会的关系的学科。冯特对这门课倾注了极大的热情，直到他生命的最后20年，他的兴趣点仍保持在这个主题上面。年轻的冯特十分热爱自己的工作，除了讲课和实验室的工作之外，他还编教科书挣钱，进行感官知觉理论的研究。1862年，冯特出版了《感官知觉理论论文集》一书，在这本著作中，他向德高望重的哲学家们和生理学家们提出了挑战，他说心理学只有在以实验结果为基础时才能成为一门科学，意识是可以通过实验手段来进行探索的，并在书的导言中宣告需要建立一门新的学科：实验心理学。

1874年，冯特接受了一项任命，前往苏黎世大学任哲学教授。但不到一年，他就接到了更大的、更有声望的莱比锡大学的邀请。这时候的他不仅硕果累累，而且名望很高。在莱比锡的前四年，冯特每个学期都要教授好几门课程，包括心理学、人类学、逻辑学和方法学、现代哲学史、脑和神经生理学以及宇宙论等等。他的讲座也十分吃香，几乎场场爆满。冯特对他的学生们很慈爱，也很有耐心，经常给予很多的帮助，他真诚地关心学生的进步和成长，从不吝惜花在学生实验室项目和论文上的时间。友好而温和的他也有十分专横的时候，那就是在每一个学年开始时，他常常命令他班上的学生到研究所集合，要求他们在他面前站成一个整齐的队列，由他宣读该年度他的学生们必须完成的任务。尽管如此，他仍然是学生们最值得尊敬和称赞的一位教授。在莱比锡大学，冯特培养了大批的学生，其中一些学生后来成了国际著名的心理学家，如美国机能主义心理学界卡特尔（J.M.Cattell）、美国心理学的创始人之一斯坦利·霍尔（S.Hull）、构造主义心理学家铁钦纳（E.B.Titchener）等等，其中还包括我国著名的教育学家蔡元培先生，他曾经选修过冯特的心理学课程，对其敬佩有加。这些学生回国以后，都建立了各自的心理学实验室，或者宣传了冯特的心理学，或者建立了自己的心理学体系，从而为心理学在全世界的传播和发展奠定了基础。

学术成就

第一个心理学实验室

有人曾经评述道："在冯特出版他的《生理心理学》与创立他的实验室以前，心理学像个流浪儿，一会儿敲敲生理学的门，一会儿敲敲伦理学的门，一会儿敲敲认识论的门。1879年，它才成为一门实验科学，有了一个安身之所和一个名字。"

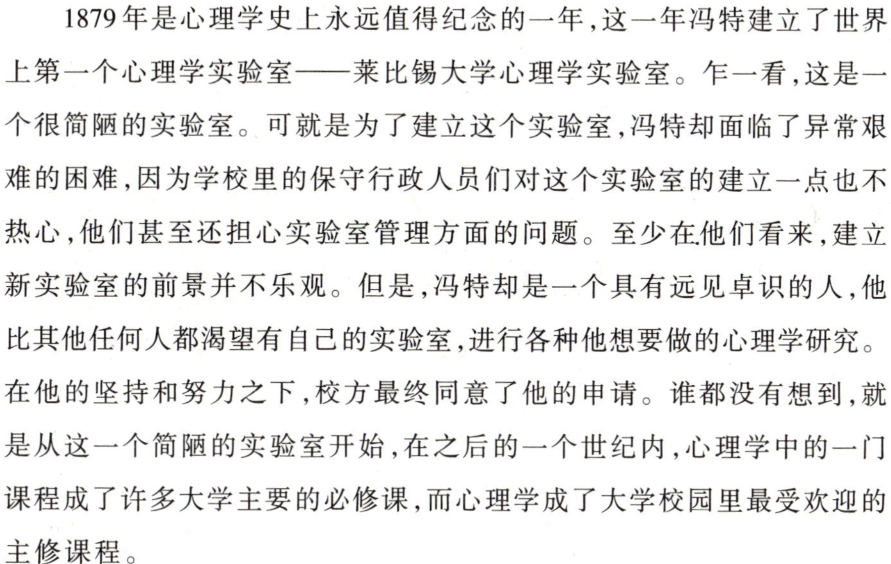

1879年是心理学史上永远值得纪念的一年，这一年冯特建立了世界上第一个心理学实验室——莱比锡大学心理学实验室。乍一看，这是一个很简陋的实验室。可就是为了建立这个实验室，冯特却面临了异常艰难的困难，因为学校里的保守行政人员们对这个实验室的建立一点也不热心，他们甚至还担心实验室管理方面的问题。至少在他们看来，建立新实验室的前景并不乐观。但是，冯特却是一个具有远见卓识的人，他比其他任何人都渴望有自己的实验室，进行各种他想要做的心理学研究。在他的坚持和努力之下，校方最终同意了他的申请。谁都没有想到，就是从这一个简陋的实验室开始，在之后的一个世纪内，心理学中的一门课程成了许多大学主要的必修课，而心理学成了大学校园里最受欢迎的主修课程。

在冯特之前，心理学是包含在哲学之中的，心理学仅仅是哲学的一个分支。哲学家们常常通过自身的感受来探究心理的奥秘。当时哲学遭遇了重大的危机，传统的哲学已经不能适应人们认识世界的需要了。

人们开始对传统哲学进行批判，冯特也不例外。他试图将生理学的方法引入哲学问题的研究之中，以对传统的哲学进行“改造”并拯救哲学事业，然而，作为一个没有接受过正规哲学训练的冯特，与“纯”哲学家和受过正规哲学训练的心理学家相比，冯特对哲学的理解和“改造”都是不够完整的：他无法洞察到这种哲学的深层危机！然而，他却用另一个方法改变了整个哲学的思维方式，即用实验的方法研究心理学问题，这种形式令人耳目一新，颇具吸引力。

实验室的建立使冯特实现了自己多年以来的梦想——建立“科学的一个新领域”——心理学作为一门独立的学科诞生了！我们再来看一看在这个实验室里，冯特做的是哪些工作。

1879年12月，在莱比锡大学那栋叫做“孔维特”的破旧建筑物三楼的一个小房间里，47岁的冯特和他的学生们常常每天花费数小时的时间聆听节拍器——一种测量人对声音的感知的仪器。他们以各种速度开动节拍器，有时让它在几拍之后就停下来，有时又让它连拍好几分钟。听节拍器的人每次都要仔细检查他们的感觉，然后报告他们的心理反应。通过长期的体验，人们发现，快节拍令人激动，慢节拍则使人放松。在每一声“嗒”之前，他们都能体验到莫名其妙的紧张感，听到“嗒”声之后又是强烈的松弛感。

这种看上去无足轻重的实验其实是一项严肃的事业，它在培训冯特所称的“内省”。即实验者向被试提供声音、光线或者颜色的刺激，观察被试对这些刺激的反应，并让被试报告他们对这些刺激的感知和情感反应，这种内省法成了冯特众多实验的重要部分。不过，后来行为主义心理学盛行时，内省法被完全否定了，因为行为主义心理学家们认为心理学是研究行为的科学，意识是不需要研究的，内省法便失去了应有的价值。直到后来随着认知心理学的兴起，内省法才重新受到心理学家的重视，并获得新的发展。在这个简陋的实验室里，冯特主要研究了感觉、知觉和反应，此外，他还研究注意、情绪、联想、梦等主题。冯特在这里一共进行了大约100种主要的实验研究和无法计数的小型实验，为心理学的发展作出了突出的贡献。

创作巨匠

在莱比锡大学的前四年中，冯特的每一天都安排得十分有规律，早晨花大部分时间写作，然后进行一个小时的咨询，下午访问实验室，散一会儿步，考虑下次讲课的内容，然后再去一下实验室。他的晚上是安静的，除了音乐会以外，他避开公众生活，几乎从不旅行。平日里除了进行教学和做实验外，他还积极创办学术杂志，以发表来自其心理实验室的大量论文。此外，他自己也编写了许多研究论文和著作，他平均每个月会发表两篇出版物——四年总共88篇，其中包括四本专著。这在同一时期，不管是哪个领域，都没有哪位学者可以跟冯特的创作纪录相匹敌。从1875年到1920年，冯特一共指导了186篇博士论文，六次修订他的巨著《生理心理学原理》。到他晚年的时候，他的大部分时间都用在了他长期感兴趣的民族心理学上，他的成果包括人类学、心理语言学、司法心理学、宗教心理学、人格和社会心理学等领域的十卷本著作。冯特学识渊博，卷帙浩繁，一生著述有500余种，美国心理学史家波林（E.G.Boring）计算了冯特从1853年到其逝世的1920年这68年期间，如果按照24836天计算，冯特出版和再版他的著作的平均速度是每天2.2页，换句话说，这68年中不分昼夜，每两分钟一个单词。铁钦纳在前往莱比锡读书之前，翻译了冯特第三版的《生理心理学原理》。他把英文译本送给冯特，却发现第四版已经出来了。于是铁钦纳赶快翻译第四版，但是还没等他完成译稿，《生理心理学原理》的第五版又出来了。可见冯特的写作速度之快！

人物评价

从古希腊罗马到近代，心理科学的创立经历了2000多年，之前西方心理学一直附属于哲学。冯特第一个把实验法引进了心理学研究领域，建立世界上第一个心理学实验室，创办了第一份心理学刊物，确定了一批批心理学实验项目，在他的领导下，心理学脱离了哲学的怀抱，成为一门独立的学科。

冯特对心理学的功劳是卓著的，任何人都抹杀不了他在心理学独立方面所做出的不朽功绩。虽然他所提出的理论不甚完美，但他建立了一个不同于传统哲学心理学的新的心理学，因此，他在心理学史上具有独一无二的地位。而他勇于开拓的精神鼓舞了后人不断地向前迈进，今天心理学学科的蓬勃发展就是最好的见证！

探索智慧的起源——皮亚杰

让·皮亚杰(Jean Piaget,1896～1980),瑞士心理学家、发生认识论的创始人。他先是一位生物学家,之后成为发生认知论的哲学家,更是一位以儿童心理学之研究著名的发展心理学家。他一生研究范围广泛,其理论博大精深,成果丰硕,融合了生物学、心理学、逻辑学和认识论等跨学科的知识。他的独特贡献主要体现在两个方面:一是儿童心理学理论;二是发生认识论。1924年起任日内瓦大学教授。先后当选为瑞士心理学会、法语国家心理科学联合会主席,1954年任第14届国家心理科学联合会主席。

成长经历

天才的童年

1896年8月9日，皮亚杰出生于瑞士南部依山傍水的秀丽小城纳沙特尔。他的父亲是纳沙特尔大学文学和历史学教授，治学严谨且富于批判精神，追求真理和认识的完美，反对浅尝辄止。这种踏实的治学作风和科学的进取精神对皮亚杰有着潜移默化的深刻影响。早在童年时代，皮亚杰就养成了独立的思考习惯和科学探究的精神，并且这种精神指引了他一生。他的母亲是一个心地善良、对人宽容仁慈的教徒，她关爱儿童、喜欢与儿童交谈，受其影响，皮亚杰从小就是一个富有爱心、性格温和的人，但她的神经质则促使皮亚杰对精神分析和病理心理学产生了浓厚的兴趣。

皮亚杰的童年生活不像普通孩子那样精彩，充满了游戏和嬉闹。学校宽松的管理方式可以让他去做一些他感兴趣的事情。他7岁时就已经开始在闲暇时间研究鸟类、化石、海贝和内燃机装置了。聪颖的他常常按捺不住创造的欲望，不到10岁就已经写了一本关于当地鸟类的书，题为《我们的鸟》。写完之后，皮亚杰不无得意，兴冲冲地拿给父亲看。作为大学教授的父亲，当然清楚儿子的分量，提笔写了许多善意调侃的评语，友好诙谐而又不挫伤他的自尊心。在父亲的鼓励和批评之下，小皮亚杰不得不说出实情：那部作品只是拼凑而成。尽管第一篇作品没有得到父亲的完全认可，但它却是皮亚杰一生中第一次创造的经验，显示了他难能可贵的创造欲望和创造精神。

在皮亚杰11岁的时候，有一次他在住所附近的湖畔玩耍，突然发现迎面飞过一只小鸟，它满身都是白斑。这引起了他强烈的好奇心，于是他跟踪小鸟，细心观察，随后写了一篇不足一页的观察报告，并投到当地一家名为《枞树枝》的自然科学杂志上，杂志的编辑发表了这篇观察报告，但并不知道作者是一个11岁的孩子。这份报告的发表使皮亚杰异常兴奋，充满了创造的喜悦。他鼓足勇气给当地博物馆的馆长写了一封信，询问是否能让他在博物馆闭馆之后研究一下其中的藏品。馆长欣然答应了他的请求，还邀请他做自己的助手，帮助清理贝壳、进行分类和贴标签的工作。他这一干就干了4年。4年的辛勤劳动给了皮亚杰不少的回报，他从中学到了丰富的生物学知识。与此同时，引发皮亚杰思考的问题也渐渐增多了。例如：一些同种的蜗牛，由于生活的地区不同，生活条件不一样，因而其大小、形状也各不相同。造成这种情况的机制到底是什么？类似的问题常常萦绕在皮亚杰的脑际。思考得越深入，收获就越多，在他16岁的时候，他就能够独自撰写一系列有关软体动物的论文，这使得年纪轻轻的他成为当地一位小有名气的软体动物学家。

儿童的好伙伴

19岁时，皮亚杰就获得了生物学学士学位，之后他继续攻读生物学、哲学双博士学位。在攻读双博士学位期间，皮亚杰通过研究发现，在儿童思维的发生与发展这一块存在一段空白，而他刚好对这一方向很感兴趣，因此他的研究重心转向了心理学。当然也还有另外一个原因，那就是他母亲的神经质。他最早接触的心理学是当时风行于世的经典精神分析理论，他希望通过学习精神分析能够改善母亲的不良精神状况，在广泛涉猎弗洛伊德、荣格的著作之后，他渐渐对心理学产生了兴趣。之后他来到法国巴黎，在著名的比纳实验室，担当西蒙的助手，研究儿童的智力测验。

皮亚杰在给儿童做智力测验的过程中发现，儿童在被测时常常做出一些可笑甚至荒谬的回答，并且儿童在做出正确回答之前总爱犯相同的错误，而这种错误在比纳的标准化测验中却得不到反映。在此期间，他与孩子们一起谈话，给孩子们讲故事，也倾听孩子们的故事。他还会向孩子们提这样那样的问题，比如说“走路的时候，为什么太阳会跟着你走?”、“做梦的时候，梦在哪里，你是怎么看见梦的?”。他甚至发明了许多谜语和难题让他们去猜。皮亚杰千方百计地挖掘他们的真实想法，以了解儿童实际的思维过程。跟活泼天真的孩子们在一起，不仅让皮亚杰获得了童真的快乐，更重要的是，就像他在自传中提到的：“我终于找到了自己的研究领域。”这种与孩子交谈的方式后来演变成了他终生的研究方法——临床谈话法。

学术成就

三座山测验

人们常常熟视无睹或者不去深究的儿童思维的过程，在皮亚杰看来却具有十足的吸引力。在探索儿童思维奥秘的道路上，皮亚杰从来不知疲倦。他一生中进行了许多著名的实验，其中大部分都与儿童的思维相关。

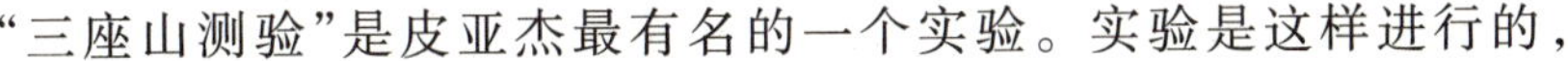

“三座山测验”是皮亚杰最有名的一个实验。实验是这样进行的，三座山以不同的颜色来表示，一座山上有间房屋，另一座山顶上有一个红的十字架，第三座山上覆盖着白雪。让幼儿坐在桌子的一边，桌上放着这个模型。他把一个娃娃放在桌子周围的不同位置，问儿童：“娃娃看到了什么？”孩子们答不出来。在第二个实验中，他又向儿童展示从不同角度拍摄的“三座山”的照片，让儿童挑出娃娃所看到的那张照片。第三个测验则给儿童三张硬纸板，要儿童按娃娃所见把三座山搭好。结果，8岁以下的儿童都做不成功。大多数6岁以下的儿童选择的照片或搭建的模型，与他们自己的观察角度一致，而不是娃娃的。由此，皮亚杰推断：这个阶段的儿童通常依据自己的视角做出选择，他们还不会站在别人的立场上来观察现象，分析问题。皮亚杰称这种现象为“自我中心”。

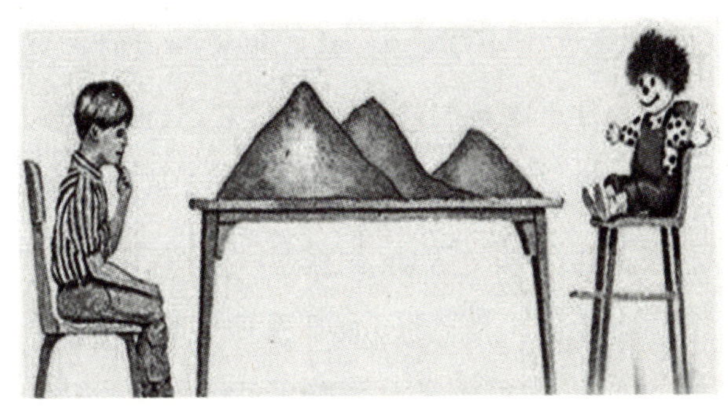

然而他的实验遭到了人们的质疑和批评，因为他在实验中所选择的场景是儿童平常接触不到的、不熟悉的，这样对儿童来说难度就增加了。后来人们修订了皮亚杰的“三座山实验”。其中最有名的是，1975年博克设计了“农场景观”模型：农场中有一座房子，一个小湖，湖中有只小船，还有牛和马在草地上。而人物也不再是“娃娃”，而是美国儿童电视节目“芝麻街”的主角格罗弗，是儿童普遍熟悉和欢迎的人物。他开着轿车绕农场一圈，不时停下来观赏着农场的景色。儿童的任务就是指出格罗弗看到了什么。结果发现，3岁儿童已经能很好地完成博克的任务，而他们在“三座山实验”中的成绩却很差。由此可见，当场景是儿童所熟悉的、人物的动机和意图是儿童完全理解的时，幼儿是能够考虑到别人的观点的。

然而皮亚杰认为儿童具有“以自我为中心”的特点却不无道理。事实上，儿童在上小学之前，是有很长一段时期处于“自我中心期”的。他们把每一件事物都与自己联系起来，只能根据自己的需要和情感去判断和理解事物，以及与他人的关系，不会从别人的角度去看问题。这种“自我中心”是一种正常的成长现象。随着儿童生理、心理的不断发展，尤其是知识水平的不断提高，他们就能够逐步明白，世界并不是以“我”为中心的。如此，他们便学会调整自己的行为、平衡自己的心态、改变自己的一些欲望和追求，从而使自我发展与社会相适应。

守恒实验

“守恒”是皮亚杰理论中的一个重要术语。它指的是物体从一种形态转变为另一种形态时，它的质量既不会增加，也不会减少。皮亚杰认为守恒概念的获得是儿童认知水平的一个重要标志。为此，皮亚杰对儿童的守恒概念做了大量的研究，其守恒实验主要包括液体质量、重量、长度、数量、面积和体积守恒等。

（1）数量守恒：先向儿童呈现两排一模一样的纽扣，在儿童同意两排纽扣的数量是一样的之后，将其中的一排纽扣间的距离拉开或压缩，问被试两排的纽扣数是否相同。

（2）长度守恒：在儿童面前并排呈现两根同样的木棒，在儿童承认两根木棒长度相等后，把其中一根向右（或向左）移动一段距离，问儿童两根木棒的长度是否相等？

A 并排两根同样的木棒　　B 其中一根向右移

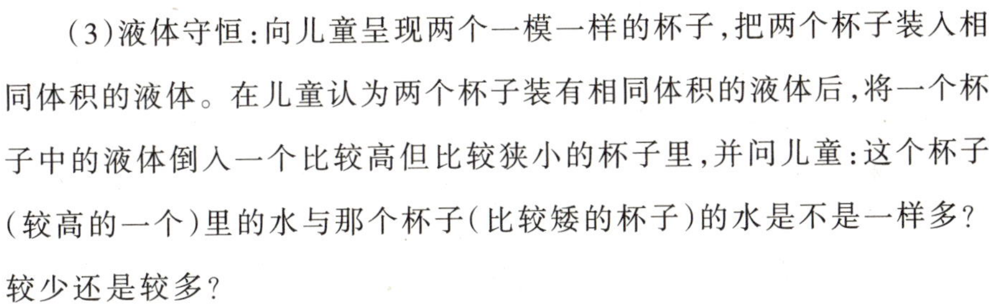

（3）液体守恒：向儿童呈现两个一模一样的杯子，把两个杯子装入相同体积的液体。在儿童认为两个杯子装有相同体积的液体后，将一个杯子中的液体倒入一个比较高但比较狭小的杯子里，并问儿童：这个杯子（较高的一个）里的水与那个杯子（比较矮的杯子）的水是不是一样多？较少还是较多？

（4）重量守恒：先把两个大小、形状、重量相同的泥球给儿童看，在儿童认为两个泥球一样重后，把其中一个做成薄饼状、香肠状或糖果状，问儿童：大小、重量是否相同？（如把它们分别放入盛满水的容器中，还可

问它们是否排出同量的水,考察容积守恒)

(5)面积守恒:向儿童呈现两张相同的纸板,分别在这两张纸板完全相同的位置上摆上相同的积木,问儿童:两纸板中留出的空间面积是否相同?待儿童回答后,实验者把其中一纸板上的积木断成小块,再问儿童:两纸板中留出的空间面积是否相同?

在上述各个测验中,如果儿童能够选择两个物体相同的选项,则具备了物体守恒的概念,如果没有,则没有具备守恒概念。皮亚杰认为,儿童一般要到具体运算阶段(7~11岁)时才能获得守恒概念。

发展的轨道

皮亚杰认为,儿童的发展是一个连续不断的过程,但儿童的认知发展却存在着阶段性的差异,这些阶段的发展顺序是不变的,上一阶段就是下一阶段的发展基础。他把儿童的认知发展分成了四个阶段。

第一,感知运动阶段。从出生到18~24个月,是智慧的萌芽阶段。在这一阶段中,婴儿只会通过伸手抓玩具,然后吸吮、移动、摇动、敲击和扔东西等活动获得新的知识与经验。到1岁末,婴儿已经能察觉到藏在帽子底下的玩具了,虽然看不到,但是孩子知道它是存在的。皮亚杰曾报告过他女儿露西安的例子:露西安16个月大时,把一根手表链放进一个只露出一点缝的火柴盒内。露西安先是尝试着倒出盒子里的手链,试图把手伸进狭缝取出手链,都未成功。之后,她停顿了一阵,仔细观察了狭缝,接下来,她把小手伸向了狭缝,不再像刚才一样想直接取出手链,而是用力拉盒子,把缝隙拉开得更大(其实她并不知道火柴盒的工作原理),最后她成功地取出了手链。

第二，前运算阶段。从18～24个月到六七岁，这个时期的儿童开始具备表象思维的能力。例如，将若干串在一起的纽扣散开来，儿童会认为散开的纽扣比原来串在一起的纽扣多。给儿童看两根等长的小木棍，当两根小木棍两端放齐时才认为它们同样长。若把其中一根朝前移一些，就会认为它长一些。给孩子们看两个一样容积的杯子，一个显得细长，另一个显得宽而大，向里面倒入同样多的水，然后再问孩子哪个容器中的水更多。7岁以下的孩子几乎总是说细长容器中的水更多一些，皮亚杰认为此阶段的儿童还没有具备守恒的概念。

第三，具体运算阶段。六七岁到12岁，皮亚杰认为这个阶段的儿童已经具有了守恒的概念，能站在他人的角度考虑问题了。例如两个男孩要给妈妈选生日礼物，三岁半的小男孩选了一辆玩具车送给妈妈，这表明他是“自我中心的”，他还不明白玩具车只是自己喜欢的，妈妈的兴趣可能与他不一样。而七岁的男孩会给妈妈选一件首饰，因为他知道妈妈通常喜欢戴首饰。

第四，形式运算阶段。12～15岁，此时儿童可以不依赖于具体感知的事物而进行抽象的思维和运算。他们能够在现实和可能性之间进行转换，运用符号系统去表示各种命题和它们之间的关系，并且能够解决可能性、或然性和不可能性等问题了。

皮亚杰认为认知发展是呈阶段性的，处于不同认知发展阶段的儿童，其认识和解释事物的方式与成人是有别的。因此，要了解并根据儿童的认知方式设计教学，如果忽视儿童的成长状态，一味按照成人的想法，只会给儿童带来压力和挫折，让他们感到学习是一件痛苦而不是有趣的事，扼杀了儿童学习的欲望与好奇心。同时，个体认知发展的速率是不同的，有快有慢，并不是同样年龄的儿童其认知水平就是相同的。因此，在教学中要注意个别差异，做到因材施教。

人物评价

从二十几岁的小青年，到弯腰驼背、满头白发的八十多岁，皮亚杰大部分的时间都花在了观察儿童、与儿童游戏玩耍之中。皮亚杰的儿童心理发展理论在心理学中无人可媲美，他取得了同时代其他心理学家无法企及的研究成果。他的理论到今天仍然具有很强的生命力。他的儿童思维发展阶段理论对世界各国的教育实践产生了重要的影响，它使教育者懂得：一定要尊重儿童的思维发展阶段，不能违背规律，拔苗助长。促进儿童思维的发展必须以儿童已有的认知水平为前提。

半生自卑 半生超越——阿德勒

阿德勒(Alfred Adler,1870～1937),奥地利精神病学家,个体心理学的创始人,人本主义心理学的先驱,现代自我心理学之父。他认为,自卑的人拥有极大的潜力,自卑感驱使着他们奋力追求“优越”。就在这不断追求、不断超越的过程中,他们改变着自我,创造着自我。

成长经历

像"小强"一样活着

阿尔弗雷德·阿德勒(Alfred Adler,1870~1937),奥地利精神病学家。个体心理学的创始人,人本主义心理学的先驱,现代自我心理学之父,精神分析学派内部第一个反对弗洛伊德的心理学体系,由生物学定向的本我转向社会文化定向的自我心理学,这对后来西方心理学的发展具有重要意义。1870年2月17日,阿德勒生于奥地利首都维也纳郊区。他的父亲是一名犹太商人,主要做谷物生意。由于父亲经营有方,家境颇为富裕,所以阿德勒从小过着衣食无忧的生活。虽然物质生活丰足,但阿德勒的童年却是在恐惧与不安中度过的。家中有6个兄弟姐妹,阿德勒排行老二。他的哥哥体格健壮,而且长相英俊。而他却长得又矮又丑,与哥哥形成了鲜明的反差,就连母亲也更加偏爱哥哥。这让阿德勒深感自卑。更加不幸的是,阿德勒从小体弱多病,喉部常因哭叫而感觉窒息。由于患有佝偻病,阿德勒不但不能进行激烈的运动,就是平常的行动,他也显得十分吃力、笨拙。直到4岁的时候,阿德勒才学会走路。不仅别人,就连阿德勒自己也觉得自己是个愚笨而又不幸的孩子。这让阿德勒感到深深的自卑。

身体的缺陷使阿德勒感到自卑,对死亡的恐惧也深深折磨着阿德勒。

在他很小的时候，出过两次车祸。三岁的时候，躺在身边的弟弟竟在睡梦中死去了。5岁时的一次遭遇更是彻底改变了阿德勒的一生。那一年，他患上了致命的肺炎，高烧不退。加上本来身体状况就不好，就算治好了，他也会因小儿麻痹而终生残疾。朦胧之中他听见医生对父母说："你们的孩子不行了，放弃吧。"母亲号啕大哭起来，接着传来了父亲的呜咽。他害怕极了，用尽力气想要挣扎起来，但他太虚弱了，昏昏沉沉。睡梦中，他隐约看到了自己的弟弟，一动不动地躺在自己身边。他想要逗他玩，可是弟弟却丝毫没有反应——弟弟死了。他太恐惧了，拼命地挣扎着。睡梦之中，他惊醒了。这一觉他睡得太久了，醒来的时候已经是三天之后。谁也没有想到，这个不幸又柔弱的孩子，竟然打败了病魔，奇迹般地康复了。也正是这一次的遭遇，坚强的阿德勒萌生了要当医生的念头。尽管他很喜欢音乐，对艺术也有很深的造诣，但他还是选择了心理医生的职业，他要亲自克服这些不幸带来的苦恼，战胜死亡的恐惧。

一石激起千层浪

康复之后的阿德勒，开始和别的孩子一样进入小学开始读书。不过他的命运却没有因此而改变，他的不幸一直延伸到学校。他的成绩也非常不好，尤其是他的数学成绩，总是一塌糊涂，让老师头疼。老师们都视他为差等生，看不起他。越是如此，他却越是坚强。虽然老师们不喜欢他，不过他仍然真诚地和朋友们相处，用谦虚来替代他的自卑。后来，发生了一件极为不愉快的事情，但是这件事却成了阿德勒实现梦想的垫脚石。

有一位老师，找到了阿德勒的父亲，建议他让阿德勒去当一名制鞋工人，不要再继续读书了，这根本就是浪费时间。当然，他的父亲严词拒

绝了。父亲鼓励阿德勒说:“阿德勒,现在的一切和以后的一切都会是不一样的,你不能相信当下的困难就是人的一生,不能让眼前的困境束缚住自己,而要勇于突破,大胆地去创造自己的生活。”正是这种坚强的信念造就了阿德勒一生的功名。这件事情极大地刺激了好强的阿德勒,他开始努力学习数学,并且进步神速。一个偶然的机会,一道数学题难住了所有的同学,就连数学老师也表示束手无策。在大家苦苦探讨、争论不休的时候,阿德勒完美地解决了这个问题。逻辑之连贯,思路之清晰,惊呆了所有的同学和老师。大家都对他刮目相看。自此之后,阿德勒也由特差生变成了班上的优等生,做任何事情都充满了自信和勇气。

中学毕业后,阿德勒如愿以偿,进入维也纳医学院,系统地学习了有关心理学、哲学的知识,并受到良好的医学训练。25岁那一年,他以优异的成绩取得医学博士学位,并继续着他的学习与研究。1910年,他被选为维也纳精神分析学会主席。1911年创立了个体心理学。1914年创办了《国际个体心理学杂志》。1920年后任教于维也纳教育学院,并成立了儿童指导中心。1926年任美国哥伦比亚大学的客座教授。1932年成为长岛医学心理教授。我们不禁为之感叹:人的潜力是没有局限的,更不是天生注定的,只要肯去挖掘,每个人都有成功和飞跃的机会。

学术成就

超越自卑

从自己独特的经历中,阿德勒发现了扭转命运的真理。身体的缺陷虽令他自卑,但是这种强烈的自卑同样也是刺激他奋勇向前的动力,而且不知疲倦。阿德勒说:“自卑给了我追求优越的向上意志,赋予了我超人的能量。”由此他发展出了自己的理论——个体心理学,他认为每个人都有自己独特的资质,人们要善于利用自己的资质,克服自卑的阻碍,追求生命的意义。

阿德勒的书房里,小萝莉(化名)满脸愁容。

阿德勒:你好,我有什么可以帮到你的吗?

萝莉:嗯,我想你帮不了我的。你看我现在这个样子,还能做什么呢?

阿德勒:你现在的样子?有什么不妥吗?能具体说说吗?

没等阿德勒说完,萝莉哭了起来。她慢慢地将裤管向上提起,一只铁脚露了出来。

萝莉:在我两岁的时候,得了严重的肺炎和猩红热。再后来,病情恶化,左腿出现萎缩,之后我便有了一只铁脚。

萝莉泣不成声,阿德勒没有说话,递过去一条手绢。

萝莉:从小到大,我每天都只能躲在阳台上或者门廊里,偷偷看别人在热闹的大街上玩耍,而我却不行。我走起路来歪歪扭扭的,总能惹来别人异样的眼光。所以我从来不敢出门。我真是恨透了这只又重又丑的鞋子。

阿德勒:孩子,你很勇敢。换作平常人,也很少有人能这样正视自己的不足,但是你却做到了,你的勇气真让人佩服。

萝莉:可是光有勇气有什么用呢?我还是不能像别人那样走路。我甚至没有穿过一双自己的鞋子,更不可能像别的女孩那样穿着漂亮的裙子,翩翩起舞。

阿德勒:你的心情我很理解。能听我给你讲一个故事吗?

阿德勒向萝莉叙述了自己的经历。

萝莉:你说的是真的吗?

阿德勒:是啊!就连我自己都不敢相信。正如你所看到的,这一切真的发生了啊,就像做梦一样。

萝莉:那你是怎么做到的呢?

阿德勒:反抗。

萝莉带着一脸的疑惑:反抗?

阿德勒:对,反抗现实,超越自卑。因为我长得丑,别的小朋友不喜欢我,所以我就更有耐心,更友善地对待他们,后来我就有了很多的朋友。我身体不好,又不能做剧烈运动,所以我从来不骑车,不坐车,靠走路来锻炼。老师觉得我学习不好,我就偏要表现给他看。我找来各种各样的题,让自己泡在题海里,练啊写啊算啊,就连吃饭睡觉,我都不让我的脑袋闲下来。我害怕疾病,恐惧死亡,上学路上的那片墓地我从来不敢经过,于是我就每天走,反复走,甚至还故意在墓地多停留片刻,后来我立志做了医生,不仅不再怕疾病,反而还要消灭疾病。我为自己设定了生活目标,集中力量发展自己的不足,或者借助发展其他的功能来补偿自己的缺陷,这还是源自一位盲人给我的启发。因为我发现他虽然看不见,但是他的听觉、他的嗅觉等都异常灵敏,非常人能比。这么说来,反而是失明使他成为在别的方面特别优秀的人。

萝莉若有所思:可是从生病到现在已经十年了,我还来得及吗?

阿德勒:孩子,你来找我,说明在你内心也是不愿屈服于现实的,是吗?

萝莉点点头。

阿德勒:孩子,我们每个人都有各自追求的目标。由于我们所处的环境不同,所以追求的方式也千差万别。但是这颗追求优越的心,从我们生下来的那天起,就在我们身上扎了根。以前你或许没有注意到,但是现在这颗心苏醒了,它催促着你去改变。真正让你苦恼的,是你找不到克服自卑的方法,是吗?

萝莉深深地点了点头。

阿德勒:萝莉,你是勇敢的,去超越、去创造你自己吧。

离开之后的萝莉,第一次把铁鞋脱掉。虽然脚疼得火辣辣的,但她还是欣喜若狂,她终于脚踏实地地站到地面上了。12岁的时候,她彻底摆脱了铁鞋。16岁的那一年,她入选了短跑代表队,她的运动天分"一发而不可收"。

后来阿德勒综其毕生所学,著成了《超越自卑》一书。在这本书中,他深入浅出地介绍了自己的思想。他认为每个人生来都是有着追求优越的需要,在我们很小的时候,我们就已经形成了一种正确的生活风格,这种风格指导着我们奋斗的方向。由于身体缺陷造成的自卑,或者由于生活中某一方面的不完满造成的自卑,都能带给我们极大的动力,推动我们弥补缺陷、超越自卑。就在奋斗的过程中,我们成就了自己。

人物评价

"思想是从生活中孕育出来的",这句话并不一定适用于所有人,但用在阿德勒身上却是极其贴切的。相比别人,他可能是不幸的,身体的缺陷使他半生自卑。但他并没有将之看做不幸,而是将它作为成长的推

力。如果你读过阿德勒的《超越自卑》，你一定会被他对生活的无限热情和他健康、乐观的执著精神而深深感动。他不但鼓励我们要积极超越，他自己也身体力行着，他的一生就是“超越自卑”的真实写照。

“天外有天，人外有人”，在我们自己身上，总有不及他人的地方，也就总会产生或大或小的自卑。阿德勒的心理学犹如浸入沙漠的一股甘泉，让人重新体味到生活的意义。他用事实向我们表明：上帝是公平的，他给你关上了一扇门，就一定会为你开启另一扇窗。我们期待有更多的人能省察自己，寻求适合自我的超越之道。

心理学界的百科全书——杜威

杜威(John Dewey,1859～1952),美国著名哲学家、教育家、心理学家,芝加哥学派的创始人,实用主义哲学的创始人之一,机能心理学的先驱,美国进步主义教育运动的代表,是一位哥白尼式的人物。曾任美国心理学会主席、美国哲学协会主席、美国大学教授联合会主席、美国国家科学院院士。他对美国及世界教育思想及其实施有着他人不能匹敌的影响和无与伦比的贡献。他的学术著作甚丰,仅目录就达125页,他的思想涵盖逻辑学、认识论、心理学、教育学、社会哲学、美术和宗教,被誉为20世纪影响东西方文化最大的人物。

成长经历

勤学笃思

杜威诞生在一个中产阶级的杂货商家中，他的家乡在新英格兰维蒙特州的贝林顿，那里的人们崇尚自由、笃信民主制度，他们的生活平静而安逸。杜威从小就生活在这样的环境中。

小时候的杜威安静又害羞，天资也并不聪慧。也许正是这种安静的性格，他才会比别人更加深思好学。最初的时候，杜威的成绩非常不理想，慈祥的父母没有指责他，并且安慰他以后好好努力。但他看得出来，父亲还是很失望。他难过极了，发誓一定要好好学习，为自己争口气。因为自己并不出色，所以他总是比别人付出更多的时间和精力。他爱读书，常常一个人看书到深夜，实在困极了，就直接把桌上的书籍垒起来当枕头。他还有一个特别制作的“枕头”，关于这个，他的父母都不知道，因为杜威不想让他们操心。杜威的这个枕头就是一块劈开的木柴，每当任务多或者任务重的时候，他都会枕着这块木头睡觉，为的是不让自己睡太久。功夫不负有心人，杜威的进步很快，能够很好地掌握要领了，而且喜欢思考问题。一次，他跟父亲一起去银行，听父亲讲了些关于利率的问题，他觉得很复杂，很难听懂，于是在街上边走边思考。突然想出了一个算式，便随手从口袋里掏出粉笔，在“黑板”上演算起来，可是还没

等算完,“黑板”便一下子挪动了地方,越跑越远。于是他追着“黑板”跑,看得街上的人笑得前仰后合的,他这才发现,原来“黑板”是人家的马车。

很多的大人物都是饱学之士,他们从不会将自己局限在一门学科中,而是博览群书。杜威就是这样一个人。中学毕业后,杜威就进入了当地的维蒙特大学就读。当时的维蒙特大学是一所平凡无奇的学校,除了工科的教授之外,全校只有八位教授。虽然如此,但是好学的杜威在大学的前两年就修读了希腊文、拉丁文、西洋古代史、解析几何及微积分。第三年的时候开始涉猎自然科学的课程,包括地质学、动物学、进化论。在大学课程的第四年,他便广泛地接触人类智慧的领域,接触哲学。这一接触,就像是打开了杜威的脑颅,思想一下子开了窍。他本来就喜欢思考,哲学与他的缘分似乎就是注定的,他就这样一头扎了进去。

山重水复疑无路,柳暗花明又一村

1880年,美国当时仅有一本哲学杂志,那就是《思辨哲学》,哈锐士教授是该杂志的主编人。认识哈锐士是机缘巧合。就在杜威为找工作而一筹莫展的时候,他的表兄发来一封电报,希望他能去任教。在家乡任教的时候,杜威仍然坚持研读哲学,也就在这时认识了哈锐士。在哈锐士的指导下,杜威于1882年完成了他的第一篇哲学论文,并发表在《思辨哲学》上。稍后,他又写了两篇论文,交由哈锐士发表。这三篇文章的内容虽不是有建树,但是文章的组织及系统化的技巧很好。对一位青年哲学家而言,自己的论文能够刊登在全国唯一的哲学学术杂志上,是多么大的一种激励和鼓舞呢!

1882年的秋天,杜威向约翰·霍布金斯大学申请教学助学金,先后两次被拒,在他大学的恩师泰锐教授以及哈锐士教授鼓励下,他开始了以

哲学为主的研习生涯。当时约翰·霍布金斯大学校长吉尔曼是一位极富人格魅力的学者，他对每一位研究生的学习都寄以关切，时时给予指导；而且上课时采取讨论的方法，富于思辨的气息，注重自由运思的精神，不受传统思想的约束，举行公开的辩论，凡此种种，使杜威有发展哲学见解的机会与环境。1884年杜威拿到了约翰·霍布金斯大学的哲学博士学位。在杜威完成其博士学位后，吉尔曼曾亲自在办公室召见杜威，加以鼓励，并给杜威一笔留学欧洲的补助费用。

拿到博士学位的杜威开始在密歇根大学担任哲学讲师。虽然有了校长的这笔费用，但是这时杜威新婚不久，去掉生活费、科研费之后，根本就没剩下什么。就算他有了讲师的工作，但也是杯水车薪，他们就连住的地方都没有。不过，杜威总能得到好心人的帮忙。有一位曾教过杜威半年的毛尔斯教授把自己一间闲置的房子让出来，给了杜威夫妇居住。杜威为了感念这位恩师，把他后来所生第三个儿子取名为毛尔斯。

杜威曾先后两次在美国密歇根大学执教，时间长达八年，并在这期间出版了第一本心理学教科书，受到了当时的心理学与教育学界的热烈欢迎。1889年又受聘于明尼苏达大学，在那里教授了两年的哲学。1894年，杜威出任芝加哥大学的哲学、心理学、教育系主任，一直到1904年。这十年是他对心理学影响最为重大的时期，后来因为实验学校的归并问题，杜威离开了芝加哥大学。杜威再次陷入了走投无路的境地。不过命运总是眷顾他，总会有贵人相助。杜威又在当时心理学界权威詹姆士以及老友卡特尔的协助下，在哥伦比亚大学谋得了一职，直到1930年退休。

游历四方

在哥伦比亚大学担任教职，是杜威教学生涯中最长的一段时期，其间由于接触外籍学生的缘故，他的教育思想也能影响到世界其他地方。

尾野教授是一位日本的留学生，曾受教于杜威，获得博士学位后返回日本，担任东京帝国大学教授，促成了1918年杜威在日本东京帝国大学的讲学。我国蒋梦麟先生也曾在美国受教于杜威，就近邀请杜威于日本讲学完毕之后来华讲学。1919年，杜威曾先后在北京、南京、杭州、上海、广州等地讲学，由胡适先生担任讲学的翻译，把民主与科学的思想直接播种在中国。这期间，他还曾担任北京大学哲学教授和北京高师教育学院教授。1928年，杜威曾经去苏联，并到过土耳其，协助土耳其进行教育改革。又到过南非、墨西哥等地。杜威在哥伦比亚大学任教26年才退休，退休之后仍从事著作，并热心于民本主义的阐述与发扬。在他78岁时，还一度到墨西哥为苏联托洛茨基辩护，驳斥斯大林对托氏的指控。

杜威是一个倾向于自由派的教育家，不向权威低头。在他的鼓励下，美国大学教师于1914年组织了全美大学教授联合会，四年之后又在纽约组织了纽约教师联合会，作为维护教师权益的有力组织，不仅积极地维护了教师的权利，而且积极地争取教育专业化的实现。

有人说，身体和灵魂必须有一个在路上，这样人的身心才能保持活力，不懒惰，不迟钝。杜威不仅是一个身体没有空闲的人，他的精神更是如此。他一生写了许多的著作，包括:《我的教育信条》《学校与社会》《我们怎样思维》《民主主义与教育》《经验与自然》《哲学与文明》《艺术即经验》等等。在他90岁的时候还出版了一本与别人合著的《认知与所知》。他一生孜孜不倦的为学精神委实令人敬佩。93岁时，杜威因肺炎去世。一位伟人就这样轻轻地走了，留下了他不朽的智慧。

学术成就

在生活中改造经验

杜威认为人不能读死书，也不能死读书。没有什么事是一成不变的，经验也是如此。人们不但要通过参加真实的生活丰富身心成长的经历，更要在不断的实践中改造经验。这样知识才不会陈旧腐朽，人也不会停滞不前。所以他对教育提出了一个要求就是：教育应该是教人在社会生活中与人接触、相互影响、逐步扩大和改进经验、养成道德品质和系统的知识技能。改造经验必须紧密地和生活结为一体，而且改造经验能够促进个人成长。杜威总结说，教育即生活，教育即经验改造。

从做中学

在教学方法上，杜威主张“从做中学”，他认为儿童不从活动而只是依靠听课和读书所获得的知识是虚幻的。他说书本与实际的生活是有距离的，那么在书里学到的东西就是与生活不完全相符的，儿童怎么能在一个虚幻的世界里学习，而在一个真实的世界里生活呢？只有从做中学到的知识,才经得起考验。

牛顿是人类历史上最伟大、最有影响力的科学家,同时也是物理学家、数学家和哲学家、天文学家。他的万有引力和三大定律,这些影响着整个物理界的、不可撼动的智慧就是牛顿从生活中、从实践中、从"做"的过程中得来的。他不只是有个"带来万有引力的苹果",他的"大暴风"也是一大佳话。有一天,天刮着大暴风,风撒野地呼号着,尘土飞扬,使人难以睁眼。牛顿兴冲冲地往外跑,认为这是个准确地研究和计算风力的好机会。于是,他便拿着用具,独自在暴风中来回奔走。他踉踉跄跄,吃力地测量着。几次沙尘迷了眼睛,几次风吹走了算纸,几次风使他不得不暂停工作,都没有动摇他求知的欲望。他一遍又一遍,终于求得了正确的数据。他说,如果不是这个大暴风给了他测量的机会,恐怕他要多花上几十倍的时间来计算。

摆脱思维定式

在《我们怎样思维》中,杜威反复强调,人最容易犯的错误就是思维定式,因为这样生搬硬套的方法最省力。他曾在上课时,给学生出了这样一道题。有一列火车,从一个车站出发。车上有1297人,过了一站,上来46人下去24人;又过了一站,上来153人下去245人;又过了一站,上来97人下去89人;又过了一站,上来765人下去354人;又过了一站,上来92人下去108人;又过了一站,上来44人下去88人;又过了一站,上来55人下去67人……如此一直到七八站以后。学生们一听,原来是要考他们算数的速度,心里便敲着鼓打着锣,一个个数字在脑袋里飞转。题目说完后,杜威说:"请问火车一共走了多少站?"话音未落,所有的人都傻眼了,目瞪口呆,这样简单的问题竟然没有一个人答上来。

为什么这么简单的题目会有那么多的人答不上来？主要是因为大多数人都忙于去计算车上的人数了，根本不会注意到究竟车走了多少站。这就是一种思维定式！我们在日常生活中就经常犯这种错误。就好比魔术表演，不是魔术师有什么特别高明之处，而是我们大伙儿的思维过于遵循习惯，形成了惯性思维，想不通，所以上当了。

人物评价

美国学者罗斯说："未来的思想必定会超过杜威，可是很难想象，他在前进之中，怎么可以不经过杜威而超过杜威。"他的思想不仅是教育的一座里程碑，更是教育的新生。杜威是传统教育的改造者，也是儿童的捍卫者，他把"中心"的地位还给了儿童，把"个性"还给了儿童。而人的个性就像火花，它可以熄灭，也可以燃烧起来。而使它燃烧成熊熊大火的方法只有一个，就是"实践"，就是"做"。所以，为了感恩杜威，为了超越杜威，行动起来吧！

最了解你的心理学家——奥尔波特

奥尔波特(Gordon W. Allport,1897～1967),美国著名心理学家、现代个性心理学创始人之一,也是特质理论的始创者。1939年担任美国心理学会主席。1963年获美国心理学基金会授予的金质奖章。早在1921年,他就与其兄F.奥尔波特共同发表了《人格特质:分类与测量》,这部著作被公认为是一部传输特质论的著作,对特质理论的形成起了奠基性的作用。

成长经历

向哥哥看齐

1897年11月11日，奥尔波特生于印第安纳州的蒙特苏马。他的父亲是一个医生。家中有四个兄弟，他是最小的一个。他的哥哥F.奥尔波特是美国著名社会心理学家。由于是家中最小的孩子，所以父母和兄长都特别疼爱他。尤其是身为社会心理学家的哥哥，奥尔波特最喜欢和他在一起，因为他总能给奥尔波特讲些特别有意思的故事。那个时候奥尔波特并不懂什么是心理学，也不懂哥哥研究的是什么，他只是好奇为什么别人的研究都在实验室里，都有很多的化学药品或者很多的机械装置，可是哥哥什么也没有，就连一只小白鼠也没有。他很纳闷，那么哥哥研究的是什么呢？他缠着哥哥，要哥哥给他讲明白。哥哥回答他说："研究人。"可他还是不懂，心想，研究人做什么，要把人像动物那样解剖开，看看他们的身体是什么样的吗？他又跑去找哥哥。哥哥说："是人的心理现象。"小奥尔波特摸摸脑门，问题又来了："心是什么样的，这样就能看见吗？要是把人的心挖出来看，人不就死了吗？"

哥哥知道如果就这么直接告诉他的话，他肯定听不懂，一定会提出更多古怪的问题使他为难。于是哥哥就给他讲了一个小故事。镇上有个小男孩，他很文静，也很害羞，还特别害怕见生人。别人跟他打招呼，他总是低着头，不敢看人家。因为他性格与其他的男孩不同，人们常常把他看成傻瓜，说他缺心眼儿，镇上的很多人都喜欢捉弄他。他们常把一枚5分的硬币和一枚1角的硬币扔在他面前，让他任意捡一个。小男

孩总是捡那枚5分的硬币，而不要1角的硬币。于是引来围观的人一阵阵嘲笑，接着又有更多的人跟小男孩玩这样的把戏，小男孩还是去捡5分的硬币。以致后来越来越多的人用这种方法来捉弄小男孩，从中取乐。一天，一位妇人看到他的这副可怜相，便对他说："傻孩子，你为什么不去捡1角的呢？难道你不知道1角要比5分值钱吗？""我当然知道，"小男孩慢条斯理地说，"不过，如果我拿那枚1角的，恐怕他们就再也没有兴趣扔钱给我了。"妇人惊奇得像发现了一件宝贝似的叫道："你哪里是个傻孩子，你真是个精明无比的孩子！"

"故事讲完了，那么小男孩聪明在什么地方呢？"哥哥问。奥尔波特说："小男孩其实不傻，他就是装傻好得到更多的钱。""对啊，这就是小男孩聪明的地方，那么其他的人为什么愿意一次次地向他扔钱呢？""因为他们觉得小男孩总是捡5分的钱，这样傻傻的行为引起了人们的兴趣和喜乐。这样他们就会继续扔钱，小男孩也就有钱可捡了。而这种喜乐心理就是心理现象。"

奥尔波特似懂非懂，不过他觉得哥哥说的东西特别有意思。就在哥哥的影响下，奥尔波特也决定像哥哥一样，学习心理学。

学到"走火入魔"

1915年，奥尔波特考入哈佛大学，开始学习心理学。不过他那时的成绩并不好。他的入学考试成绩才刚刚合格，初入学时的各科成绩也不理想，不是C就是D。但这只是开始，他相信一切都会好起来的。由于对心理学的兴趣，奥尔波特在学习和研究问题时，思想高度集中，专心致志，简直达到了那种忘我的痴迷程度。为了专心研究问题，怕别人来打扰他，他总是随身携带一个笔记本，在笔记本上写上一句话"工作中，请勿打扰"，然后将它放在旁边。这样，来找他的人看到字条后就不会再打扰他。这在当时是件特别滑稽的事情，但是同学们也很尊重他，所以他

常能安心地学习很久。有一次，他遇到了一个问题，百思不得其解，便走出教室，一边散步一边思考这个问题。他在马路上走着走着，突然想起了什么便往回走。他一边走一边还在聚精会神地思考着问题。当他返回到教室门口的时候，看见地上有一张纸条，写着“工作中，请勿打扰”。他自言自语地说：“噢，好吧，那我回去了。”过了许久之后，奥尔波特才回过神来，原来那张纸条就是他写的。

经过几年的不懈努力，奥尔波特最终取得了优异的成绩，并顺利毕业。毕业后，他便去了土耳其伊斯坦布尔的罗伯特大学教英语和社会学。在那里教学期间，是他比较惬意的日子，因为他可以经常一个人面对着浩瀚广阔的大海，静静地思考自己的问题，并且无人打扰。后来有一天，他像往常一样在海边散步，突然听到有人喊他，说是学校里有他一份电报，需要马上回复。奥尔波特回到学校，惊讶地发现，原来是由于他出色的成绩，哈佛大学发来邀请，请他继续进修研究生。这件事情已经传开，轰动了整个小城。平常能考进哈佛大学就已属不易，而他竟然能得到哈佛学校的主动邀请。热爱学习的奥尔波特欣然接受，返回学校继续深造。他在那里不仅拿到了硕士学位，还继续攻读了博士，并于1922年获哈佛大学博士学位。以后又在柏林大学、汉堡大学和剑桥大学学习。1924年回到美国，在达特茅斯讲授社会伦理学，后来在哈佛大学任教，1930年后任该校心理学教授。1937~1949年任《变态与社会心理学》杂志编辑，广泛传播他的思想理论。

学术成就

我们不一样

有人将奥尔波特比喻为牛虻，越是阻止他，他就越往里钻。那时众多的心理学家极力否认人类所特有的许多东西，但是奥尔波特却坚持研究作为个体的人，并为他的合理性而辩护。最后他成功了。他在土耳其教书时，喜欢在闲暇的时候，到海边去闲逛，这使他想起了长眠在这里的一位老人，他就是西方的医学之父——希波克拉底。

希波克拉底（前460～前377）是一位医生的儿子，出生在希腊的科斯岛上。他在那里进行研究和实践，治疗许多残废人。他闻名遐迩，遥远的地方统治者们都来找他看病。希波克拉底最大的贡献就是把医学从宗教和迷信当中分离了出来。他说，所有的疾病都不是神灵的作用，而是有自然的原因。希波克拉底借用了恩培多哥勒斯的四元素：火、水、土、空气，并把它运用到身体上面。他说，人体有四种体液：血、粘液、黑胆汁、黄胆汁。而良好的健康身体，就是这四种"体液"在体内达到平衡的结果。它与四种元素相对应——血对应火，粘液对应水，黑胆汁对应土，黄胆汁对应空气。

希波克拉底发现每种体液都有各自的特点，正如人有不同的特质一样。于是他依据体液的特点，将人的性格也划分为相应的四种，分别为多血质、粘液质、抑郁质、胆汁质。

（1）多血质型

特征：情绪不稳定、思维非常敏捷、说话快、活泼好动。心情是阴还是晴变化得很快，但并不是很强烈，不会过分悲伤，也不会过分高兴。他们的情感变化多，可能就是因为他们很敏感。在行为方面表现为活泼好动、机敏、爱参加各种活动，但常常有始无终。该类型的人适应能力比较强、善于交际、待人热情、学习上领会问题快，但常常不能坚持到底。该类型的人要注意刻苦钻研、有始有终、严格要求自己。

（2）粘液质型

特征：性情沉静，需要长时间相处，才会产生感情。他们安静，喜欢压抑或隐藏自己的情感，很少让别人看出来，多是藏在心里。动作迟缓、沉默寡言。该类型的人在情绪方面表现为沉着、平静、迟缓、心境平稳、不易激动、很少发脾气、情感很少外露。在行为方面表现为沉默寡言，脸上的表情也总是平静的，看不出来是高兴还是难过。他们胸怀宽广，不

计较小事，能委曲求全，自制力强，活动中表现为有条有理、深思熟虑、坚忍不拔。这种人容易形成勤勉、实事求是的精神，能坚持、能忍耐。

（3）抑郁质型

特征：柔柔弱弱，比较容易疲倦。非常敏感，别人根本没有放在心上的小事，他们却非常在意。情感也比较脆弱，经不住打击。而且这类人还常常很内向、孤僻，不太合群，因而也就常常会显得孤独寂寞。这种人易形成伤感、沮丧、忧郁、深沉、悲观等不良心理特征。

（4）胆汁质型

特征：好冲动、性情无常，情绪一上来，就久久不能恢复平静。动作迅速而强烈，对自己的言行不能控制，反应速度快，但不灵活。具有这种类型特征的人，在情绪反应上易受感动，情感一旦发生就很强烈，久久不能平静，易向人们发脾气，性情暴躁、易怒，情绪不能自制。在行为方面的表现：积极参加各种活动，有创新精神、工作积极，遇到困难时能以极大毅力去克服困难。胆汁质型的优点是有毅力、积极热情、有独创的精神。不良表现是缺乏自制性、粗暴和急躁、易生气、易激动。这类型的人要注意在耐心、沉着和自制力等方面加强自己。

受到希波克拉底的启发，奥尔波特坚信自己的道路是没有错的。他说："同样的火候使黄油融化，却使鸡蛋变硬。"这就是因为其特质各有不同，人自然更是如此。不过，与希波克拉底不同，奥尔波特并不认为人是没有一点相似之处的。他认为人都有共同特质和个体特质之分。共同特质就是所有人都有的特质，比如外向，只是程度不同而已。个人特质则指的就是每个人所特有的特质。奥尔波特的坚持与勇敢不仅证明了自己，也将尘封千年的思想解封，使人类再次从自然界中分离，再次认识到自己，成为独特的个体。

A 还是 B

除了"特质理论"外，奥尔波特另外提出了用A、B这样的字母来指代不同的人格，以便把问题说得更明白。

A型性格特征：走路、说话、吃饭都很快，常常同时做两件以上的事，有很强的时间紧迫感。有旺盛的精力和强烈的抱负，愿意为取得成就而努力奋斗，富有极大的竞争性。这是一种让人喜爱的个性，工作认真执著，办事效率高，这种人容易在学习和工作中取得好成绩，获得事业的成功。但是，另一方面，这种人往往对自己的要求过高，不太懂得放松，总是给自己过多的压力，所以比较容易出现愤怒与敌视情绪，也容易生病。A型性格的人应该学会培养耐心，适当降低竞争意识。注意休息，在不影响正常的学习进度的情况下，学会“偷懒”和放松。

B型性格特征：说话速度比较慢，平静和安宁，不觉得时间紧迫，做事从容，有条理。个性随和、保守，不愿意从事冒险性工作。生活较为悠闲，对工作要求较为宽松，对成败得失较为淡薄，不喜欢与人争斗，不太在意成就的大小。对工作、生活较容易满足，知足常乐，内心很平静，抗压能力强。他们的脸上常有发自内心的微笑。这种性格是最有利于身体健康的。

测一测，玩一玩

1. 你是否对自己近来的表现不满意？
2. 你是否经常有匆匆忙忙的感觉？
3. 用餐时你是否一吃完就立刻离席？
4. 看见别人迟到时你是否会生气？
5. 你是否经常打断别人的话？
6. 你是否觉得与人竞争时非赢不可？
7. 你是否觉得对自己的工作效率一直不满意？
8. 你是否觉得有些事等着你立刻去完成？
9. 你是否有信心再提升你的工作绩效？
10. 表达意见时你是否握紧拳头以加强语气？
11. 与别人有约时你是否绝对守时？
12. 你是否尝试在有限的时间内做出更多的事？

13. 你是否觉得全心投入工作而无暇欣赏周围的美景？

14. 让你停下工作休息一会儿时你会觉得浪费了时间吗？

15. 与别人闲谈时你总是提到自己关心的事吗？

16. 你会在休假之前赶完预定的一切工作吗？

17. 你会一边吃饭一边写笔记或一边开车一边刮胡子吗？

18. 聆听别人谈话时你会一直想你自己的问题吗？

19. 在路上挤车或餐馆排队时你会被激怒吗？

20. 当别人向你解说事情时你会催他赶快说完吗？

21. 当别人慢条斯理做事时你会感到不耐烦吗？

22. 你认为孩子自幼就该养成与人竞争的习惯吗？

23. 你吃饭和走路时都很急促吗？

24. 你说话时会加重关键字的语气吗？

对于以上24个问题，请根据实际情况，回答“是”或者“不是”，如果你回答“是”的题目数量比“不是”要多，那么你就可能偏“A”型；如果回答“不是”的更多，那你就可能是偏“B”型。

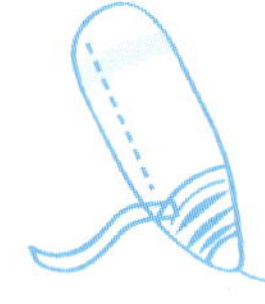

人物评价

伟大的心理学家与哲学家詹姆斯说：“播下一个行动，我们将收获一种习惯；播下一种习惯，我们将收获一种性格；播下一种性格，我们将收获一种命运。”性格是可以决定命运的，所以在这之前，我们必须先要认识自己。奥尔波特将我们从混沌的整体中分离出来，一一梳理，一一加以鉴别，一一赋予特色，将鲜活、多彩、各异的人格一一呈现。他给我们铺就了一条认识自己的路。不过我们不能就此停止，而是要在认识的基础上驾驭自己，发挥自己的长处，改造自己的不足，让我们的性格可以臻于完善，创造更加精彩的命运。

一生与狗打交道的人——巴甫洛夫

伊万·彼得罗维奇·巴甫洛夫(Ivan Petrovich Pavlov,1849年~1936年),俄国生理学家、心理学家,高级神经活动学说的创始人,由于在消化生理学方面的卓越成就,他获得了1904年的诺贝尔奖,也是全世界生理学家中获得这个奖项的第一人。他不愿意把自己当做一位心理学家,但是鉴于他对心理学领域的重大贡献,人们还是将他归入了心理学家的行列,并视其为行为主义学派的先驱。1905年,俄国科学院选举巴甫洛夫为最高级国家院士。1907年,英国皇家学会选举他为外籍会员。

成长经历

爱狗狗的小男孩

1849年9月26日，巴甫洛夫出生于俄国莫斯科东南约200公里的梁赞小镇。父亲是一个普通的乡村牧师，收入很低，全家人不得不靠种植几个大菜园来维持生计，家庭生活比较贫困。更让他们雪上加霜的是，年幼的巴甫洛夫在一次意外中遭受了严重的脑损伤，一直到11岁，他都还迟迟没有受到正规的学校教育。好在父亲是个爱读书的人，他一直热衷于对巴甫洛夫进行教育，所以脑损伤并没有对他造成严重的伤害。从小就喜欢运动的巴甫洛夫经常与同伴们一起做游戏，互相追逐，跑得浑身是汗。平常的时候就在菜园里帮父亲干活，或者在家里帮母亲洗碗，有时还给弟弟洗洗澡，是一个十分孝顺和爱好劳动的小男孩。

此外，巴甫洛夫还特别喜欢小狗，经常跟自己家或别人家的小狗在一起玩。当时，梁赞有一户人家养了一条狗，这条狗非常凶狠，见了人就“汪汪”乱叫。孩子们都非常害怕它，不敢接近它。有一天小巴甫洛夫来到这户人家门口，看见那只狗被一条链子锁起来了。狗冲着他狂叫，但他一点儿也不害怕，他勇敢地走向前去。“千万别碰它！”惊慌的伙伴们一边叫一边四处散开了。不料小巴甫洛夫却神奇地把狗的锁链打开了，说来也奇怪，狗不仅不咬他，反而温顺地向他摇尾巴，接受他的抚摸。为什么打开锁链的狗反而不凶狠了呢？当时的小巴甫洛夫也不清楚是咋回事儿。直到后来他自己做狗的研究时才弄明白：套上锁链，对于狗是一种刺激，这种刺激引起了狗保护自我的反应，也就是他所说的“条件反射”，狗就变得异常凶恶，一旦消除了这种条件，即打开了锁链，便不再引起狗自我保护的反射，因而狗变得温顺了。

有过这段特别经历的巴甫洛夫从此与狗结下了不解之缘。在他后来的许多实验中，狗成了他最主要的被试。就像他自己说的，他的实验室里可以没有电、没有水，但就是不能没有狗。

情迷生理学

巴甫洛夫15岁的时候，他在父亲的书架上偶然发现了英国生理学家路易士的《日常生活中的生理学》，随意地翻阅一下，便被里面生动而有趣的生理学知识深深吸引，于是爱不释手，孜孜以求，从此迷上了生理学。他将这本书珍藏起来，伴随一生。

巴甫洛夫在当地的神学院接受了中学教育，当时的神学院是一个学习氛围很自由的地方。如果一位学生不擅长某个科目，那么他就会被鼓励去学习其他的科目，学生可以自由地选择自己感兴趣的课程。在这种自由宽松的环境中，巴甫洛夫养成了奋发向上、积极探索的精神，并受益一生。

1870年，巴甫洛夫中学还没毕业就考上了圣彼得堡大学攻读生理学，他是靠一张“贫困证明书”而免费学习的。然而贫困并没有妨碍他勤奋学习，他各门功课都十分优秀，尤其是生理学成绩超群。在大学期间，他最喜欢上的就是实验课，他的大部分时间都是在生理学实验室里度过的，这使他积累了十分丰富的实验知识，也为他后来许多闻名的实验奠定了

重要的基础。在毕业前夕，他写出了一篇很有科学价值的学术论文，鉴于他的出色表现，学校给他颁发了一枚金质奖章，每年获得此荣誉的人都寥寥无几，这让巴甫洛夫受到了极大的鼓舞，更加坚定了他走生理学道路的决心。不久，巴甫洛夫提出了神经系统对新陈代谢的重要意义，成为生理学史上提出此理论的第一人。博士毕业时，巴甫洛夫因精彩的论文答辩又赢得了一枚金质奖章。同时，政府给他颁发了一笔数目很大的奖学金，这使得他有机会到德国进行深造。在德国，他全身心地投入生理学的研究工作之中，特别是在消化系统方面，他进行了长达22年之久的系统研究。

桃李满天下

1904年，巴甫洛夫因在消化生理方面的卓越成就获得了诺贝尔奖，成为全世界生理学家中获得这个奖项的第一人。此后，包括牛津大学在内的世界著名大学，纷纷选派最优秀的学生，前往俄国追随巴甫洛夫学习和研究生理学，可谓桃李满天下。以至于到后来，巴甫洛夫每讲授一小时的讲义，都立即被译成英、德、法文分发给各国学府，其影响力横跨了全世界。

有一次，他到美国的耶鲁大学举办国际心理学会议，在会议开始之前，他举行了一场振奋人心的讲座。当时，巴甫洛夫用的是俄语，他甚至等不及翻译将他的话转译成英文，就迫不及待地往下讲。尽管存在语言上的障碍，但他的听众仍然听得如痴如醉。当时听众中有一位年轻的心理学家艾德娜·海德布雷德，在她后来的回忆中是这样的：巴甫洛夫演讲时似乎充满了巨大的热情，听众们完全沉醉其中，根本等不及翻译就报以热烈的掌声。等到翻译出来，才发现受到热烈鼓掌的那段竟是对巴甫洛夫实验室里所使用的一些设备的介绍。从这个幽默的片段我们可以想象巴甫洛夫受欢迎的程度！

像钟表一样准确

巴甫洛夫在实验室里从事各种科学实验活动长达60余年，并且都是在相当艰苦的条件下度过的。巴甫洛夫为自己制订了一个严格的时间表：早上7点左右起床，做早操，8点进早餐，9点在实验室开始科研工作，12点左右开始进午餐，饭后闭目养神，休息片刻，下午1点半又开始工作，晚6点进餐，然后休息并进行体育活动或体力劳动，睡前翻阅报刊、信件等，10点半左右就寝。巴甫洛夫每天按照这一时间表安排自己的生活起居，并且凭借顽强的毅力坚持了近50年。多年的习惯使得巴甫洛夫的生物钟也变得越来越准确了。

有一次，巴甫洛夫的实验室里几个人的手表都不一致，到底谁的表准确呢，大家争论不休。后来一位同事说："大家不必争吵了，我有个校正时间的办法，那就是巴甫洛夫教授迈进实验室门的时候，准是下午1点30分。"话音刚落，巴甫洛夫便走进了实验室。大家赶紧对表，经过电台验证，果然准确。大家都说，巴甫洛夫的生物钟如同钟表一样准确。

学术成就

狗吃下去了吗？

巴甫洛夫曾经把狗的食道经过手术割断了，然后，小心地将割断的两端都引出体外，并缝在狗的皮肤上，这样，无论这条狗吃多少东西，食物都不会进入它的胃里。但是，在给狗喂食时，奇怪的现象出现了：狗吃

进去的食物从窟窿里掉了出来，但插在狗胃的一根橡皮管里却流出了大量的胃液。当巴甫洛夫用丝线将这条狗的迷走神经拉断时，即切断了狗脑与胃的联系，结果发现，尽管狗还在不断地吞咽鲜肉，胃液却没有了。通过多次观察和实验，巴甫洛夫得出了一个极为重要的结论：消化过程受神经系统的控制。

这就是巴甫洛夫闻名于世的“假饲实验”。当他的实验报告发表后，立即引起了人们的关注，就像是一道浪潮，震荡了整个生理学界。当时的许多科学家纷纷称赞“假饲实验”是19世纪最有贡献的实验，他因此获得了瑞典国王亲自颁发的诺贝尔生理与医学奖。随后巴甫洛夫成了科学界最受尊敬的人物之一，他的名气远远超出了祖国俄罗斯的界线，享有着国际声誉。

望梅止渴并非笑谈

望梅止渴的典故出自《三国志》，当年曹操带兵出征，时逢酷暑，士兵们口渴难耐，聪明的曹操心生一计，用马鞭指着前方说：“前面有很大的一片梅树林，梅子很多，又甜又酸，大家赶快前进，到那里歇凉。”士兵们听了，不觉口生津液，口渴得以缓解。我们每个人也都有过这种体验，一想到酸，唾液就会不自觉地分泌出来。这种生理现象，巴甫洛夫给它取了个名字——条件反射。

有一天，巴甫洛夫发现狗在不喂食时也会分泌出胃液和唾液。经过调查，唯一的变化就是在那个时间里狗的饲养员曾经进来过。巴甫洛夫想可能是脚步声的原因，于是他让一个助手在外面走动，但狗并没有任何反应。他又想可能是饲养员送食时狗可能有什么预感，于是让饲养员在外面走动，令人惊奇的是这时狗开始分泌唾液了。巴甫洛夫认为，一定有什么原因来解释这一现象。一个想当然的解释是：狗很聪明，它“意识”到进餐时间快到了，于是自动分泌唾液，就像人到吃饭时间一想起美味佳肴就流口水一样。

巴甫洛夫关于条件作用研究的实验装置

果真如此吗？出于科学家的敏感和好奇心，巴甫洛夫决心弄个明白，于是他设计了这样的实验：在狗的唾液腺体上做了一只简单的小囊，将其挂在高处，并导入一个收集和记录的装置。第一步是训练狗能够长时间地站在桌子上一动不动，方法很简单，只要它站在桌子上长时间不动，就给它喂食，并亲昵地抚弄它；反之，若跳来跳去或跳下桌子，则电击它。

经过训练，实验狗往往不等人命令就自己跳到了桌子上，极有耐心地站在上面。对狗的第一步训练完成后，巴甫洛夫让狗站在桌子上，面墙而立，但墙上开有一扇窗户，前面放有一只喂食桶，食物可通过机械装置在室外直接倒进该桶。

经过观察发现：食物一到狗的口里，其唾液就自动溢出。由于这是一种不需要培训的反射，巴甫洛夫将食物称之为“非条件刺激”，将这种唾液反应叫做“非条件反射”。接下来，巴甫洛夫在为狗喂食时不让狗看到喂食者，而是通过摇铃发出响声，这种响声响过5到30秒钟以后，再将食物倒进喂食桶。巴甫洛夫注意到，起初铃声只会使狗竖起耳朵来，但不会分泌唾液，如此反复几次，狗听到摇铃会产生一点唾液。经过重复很多次（大约30次）后，单独的摇铃声就能使狗产生很多唾液了。巴甫洛夫把这种反应称为“条件反射”，而引起唾液反应的声音被叫做“条件刺激”。

为了进一步研究狗的反应，巴甫洛夫及其助手们变换各种花样对狗进行刺激，有时用声音，有时用灯光，有时用气体，有时用物体碰触，

有时用特殊的语句等等。几乎在所有的情况下，都引起了狗不同程度的分泌唾液的反应。

为了揭示高级神经活动的规律，巴甫洛夫不畏一次又一次的失败和挫折，在他生命的最后34年里，他几乎倾其全部精力投入到用条件反射的方法研究大脑的实验中。他的条件反射理论对心理学的发展作出了开创性的贡献。

人物评价

“大家知道，我是一个彻头彻尾的实验者，我的全部生活都是由实验组成的。”这是巴甫洛夫在第15届国际生理学大会上说的一句话。实验构成了他生活中不可缺少的一部分。在实验室工作，对巴甫洛夫来说，无疑是一种心爱的劳动，他除了与家人相处的时间外，把全部生命都献给了实验室。每次发现一个新事物时他就会欢欣鼓舞；而遇到失败时他也不会气馁，反而更坚定地去寻求问题之所在。正是这种锲而不舍的精神推动他创造了一个又一个的奇迹。

爱看爱学习的心理学家——班杜拉

班杜拉(Albert Bandura,1925~),美国心理学家,新行为主义的主要代表人物之一,社会学习理论的创始人,在西方心理学界有颇高的声望。1969年至1970年,受聘为行为科学高级研究中心的研究员;1972年,获辜根海姆研究基金奖及美国心理学会临床心理学分会杰出科学家奖;1973年,获加州心理学会杰出科学成就奖;1974年,当选为美国心理学会主席,并受聘为斯坦福大学约丹荣誉教授;1976年,当选为斯坦福大学心理学系主任;1977年,获卡特尔奖;1979年,获不列颠哥伦比亚大学荣誉博士学位;1980年,当选美国西部心理学会主席,并获得攻击行为国际研究会杰出贡献奖及美国心理学会杰出科学贡献奖,同年当选美国艺术及科学院院士;1989年,当选美国科学院医学部院士。此外,他还应邀担任《美国心理学家》、《人格与社会心理学杂志》、《实验社会心理学杂志》等20余种杂志的编辑,并经常出入美国国会听证会。

成长经历

艰苦的磨炼

1925年12月4日，班杜拉出生于加拿大北部艾伯特省一个名叫蒙代尔的小镇。他的父亲是一个勤劳、善良的农夫，以小麦种植营生，家境并不富裕。班杜拉有五个姐姐，他是家里唯一的男孩，因而家人寄予他极大的希望，希望他能够继承祖业，为家族带来荣耀。他的五个姐姐也特别宠爱他，争着要照看他、教他识字算数。小班杜拉就是在这样一个十分温暖的家庭中成长。

班杜拉的家乡是一个人烟稀少、偏远落后的地方，这对他的教育来说是一个极为不利的因素。方圆几十里，只有一所集小学和中学为一体的学校，教师、财源和其他资源都非常匮乏，课程内容更是陈旧不堪，教育条件十分艰苦。当时学校里只有两名教师，他们承担了全部课程的教学，但是两个老师怎么可能照顾得了所有的学生呢？所以那时候的学习主要还是靠自学。在这极其有限的教育条件下，班杜拉和他的同学们只得依靠勤奋和努力来弥补学校教学条件的不足。班杜拉后来回忆说："当时所学的大多数课本中的内容后来都过时了，唯独期间养成的自我主导性一直都发挥着重要的作用，指导着我工作、学习、研究等。"

在班杜拉读中学的时候，他是班里最顽皮的学生。有一次，他和几个伙伴商量着把老师们仅有的一本教材藏起来，以此要求老师减少作业。

可怜的老师们急得直跺脚，苦苦地哀求学生，但是学生们就是不达目的不罢休，老师们只得答应减少他们的作业。调皮的学生一看阴谋得逞了，这才把书还给了老师，老师也才能继续上课。不过就是这样一帮让老师头痛的“差生”，后来却全都进入了世界各地的大学继续深造。谁也没有想到的是，其中最顽皮的班杜拉，后来却成了心理学的一代大师。

意外的收获

高中毕业后，班杜拉考入了位于加拿大西海岸温哥华市的不列颠哥伦比亚大学。新学期伊始，班杜拉打点行装，带着一颗憧憬的心来到了不列颠哥伦比亚大学。对一个刚刚从偏远山区走出来的年轻大学生来说，大都市的一切都是新鲜、充满好奇的。但班杜拉深知自己背负父母的重托，因此他时时不忘提醒自己，不要被大都市的繁华生活所诱惑。由于从小培养了自我学习能力和刚硬的性格，班杜拉很快就适应了大学生活，并成为学业上的佼佼者。

为了减少开支，班杜拉紧衣缩食，还和几个同学在离学校较远的郊区共同租了一间廉价宿舍。由于住得比较远，所以班杜拉每天必须早早地起来乘坐班车。他总是很早就到学校，不过这时离上课的时间还早呢，班杜拉只好四处闲逛一下，打发时间。几天之后，班杜拉觉得，每天这样，大好的时间都浪费掉了，还不如选修一门早上上课的课程呢。就这样，他选修了心理学课程，而他真正的专业是生物学。不过正是这个偶然的想法，他与心理学结缘了。当时开设心理学课的老师的姓名是什么，他已经记不清了，但这位老师的精彩演讲使他深深迷恋上心理学，特别是心理学的临床治疗方面。最终班杜拉决定以心理学为其一生的事业。经过三年苦读，班杜拉出色地完成了大学阶段的学业，并获得了该校为优秀毕业生设立的贝娄肯心理学奖。

为了进一步探索人类精神生活的奥秘，大学毕业后的班杜拉决定接受更高层次的研究生教育，专攻临床心理学，于是他去了爱荷华大学继续深造。当时的爱荷华大学在心理学研究方面非常有成就，有许多著名的心理学家都聚集在那里工作，学术氛围十分浓厚，每周都有各种学术报告会和讨论会，学生和老师们怀着满腔的热情，研究着一些学术问题。各种不同的理论相互碰撞、互相竞争。有一天，学生们竟然将一只死老鼠钉在了心理学系的通告栏上，并在下面写了一句话："这只老鼠完全符合托尔曼的学习理论！"类似的恶作剧在学院里常常发生，正是这样一种自由的环境给班杜拉的学术思想提供了一片成长的沃土。

学术成就

榜样的力量

班杜拉博士毕业后，应斯坦福大学的邀请，成了一名心理学系的教师。斯坦福大学是一个极富魅力且令人心驰神往的学术殿堂。就在这里，班杜拉完成了他最重要的理论——观察学习。

班杜拉提出"观察榜样的行为并学习榜样"，也是一种重要的学习方式，仅让儿童观察别人的行为，他们就能够学会这个行为，无须事事通过亲身试验。为此他做了一个有意思的实验来证明他的观点。

斯坦福大学的幼儿园，养了一只狼狗看门，幼儿园的小朋友都很害怕它，许多孩子常常要绕道走进幼儿园。于是，班杜拉请园长让他去幼儿园和孩子们做游戏。孩子们都十分喜欢这位面目慈善又风趣幽默的伯伯，还告诉他，他们是多么的害怕那条狗。有一天，班杜拉将幼儿园中怕狗的孩子挑了出来，分成四个小组，分别把他们领进了四个不同的房间。

第一组的小朋友看到的是：一个4岁的男孩约翰带着一只卷毛狗走进了房间，抚弄这条狗，与狗很亲密地玩了约3分钟。然后班杜拉引导孩子们展开了很多讨论。整个小组气氛很热烈，大家没有因为狗的在场而感到害怕。

接着，约翰牵着小狗走进了第二组小朋友的房间。孩子们也看到约翰与卷毛狗亲近，但小组内没有任何讨论，也没有形成热烈的气氛，大家只是静静地看着这一切。

第三组的时候，小朋友们只看到了卷毛狗，而没有看到小男孩约翰出现，也没有任何人示范与狗亲近或者打交道。

到了第四组，只有几个小朋友在一起集体活动，狗和约翰都没有出现。

实验结束后，班杜拉重新对孩子们怕狗的行为进行了观察。各组的孩子们再次分别接近了刚刚见到的那条卷毛狗和另一只完全陌生的大黄狗。结果发现：第一组和第二组的小朋友们明显能接近实验中出现的卷毛狗和不熟悉的大黄狗，并且没有感到害怕，大部分的小朋友都能够跟狗同处一室。第三组和第四组的小朋友们却很少能够做到这一点。于是班杜拉认为，这些不怕狗的小朋友，是因为看到男孩约翰和狗亲近，自己也学会了不怕狗。

通过这个实验，班杜拉确信儿童可以通过模仿来习得一些行为，克服恐惧心理。他还把观察学习的过程分为注意、保持、动作复现和动机四个阶段，简单地说就是观察学习需先注意榜样的行为，然后将其记在脑子里，在动机出现的时候再一次表现出来。

儿童无疑是“观察学习”最好的典型，他们接受新鲜事物的能力强，对世界充满了好奇心，常常会不知不觉地对别人的行为进行模仿和学习。他们常常模仿自己的父母、兄弟姐妹、同学和朋友，甚至书本、电视、电

影里的榜样等等。比如,一个母亲在繁忙的家务劳动中并没有意识到孩子“学会”了多少东西,但她可能在孩子们“扮家家”的游戏中看到孩子像模像样地切菜、煮饭、洗碗,把各种“调料”搅拌均匀,和平日里母亲下厨时一个样。此外,当他们看到别人的某一行为得到父母和长辈们的夸奖和肯定时,他们倾向于模仿这种行为,当看到别人的某种行为受到惩罚和排斥时,他们就会避免那样做。

我自信,我成功

在平常的生活观察中我们发现,拥有相同技能的两个人,在执行同一种任务时,其表现的出色程度不同。即使是同一个人在不同的条件下,其行为表现也是不同的,他既可能表现出色,也可能表现平庸,甚至可能表现得非常拙劣。导致这一现象的是什么?班杜拉提出了一个有意义的概念——自我效能感。所谓自我效能感,就是人们对自己能否完成任务的估计和预测。自我效能感对人们的学习往往造成很大的影响。比如,在相同的智力水平下,自我效能感高的学生会怀着很大的热情去学习,而自我效能感低的学生则不相信自己的努力会有好结果,从而对学习提不起劲来,于是就造成有的学生成绩好,而有的学生成绩差了。

众所周知,马斯洛在年轻时曾被认为是一个不会有多大出息的平庸之辈,他自己对未来命运也觉得悲观、暗淡。以这样的自我认识为基础,他的自我效能感是很低的,照此发展难以有大的成就,更不可能跟与他同时代的精英人物如本尼迪克特和韦特海默等进行深入的交流。幸运的是,当他在哥伦比亚师从著名心理学家桑代克时,桑代克为他进行了一次智力测验,其结果让马斯洛自己也感到十分吃惊,他的智商竟然为195!桑代克评价说,他完全属于精英之列。正是桑代克的这一评价改变了马斯洛的人生，他不仅给了马斯洛以勇气，而且极大地培育了他的自我效能感，使他敢于选择那些过去使他望而生畏的精英人物为自己的研究对象。可以设想，如果没有桑代克的评价，马斯洛恐怕很难做出这样的选择。如果这样，马斯洛就不会发现“自我实现者”的人格特征，因而也不可能获得“人本主义心理学之父”的美称了。

正是自我效能感的提高使得马斯洛坚定了自己的信念，相信自己能够成功。在现实生活中，也有许许多多的人，就是凭借着对自己的信任，对自己能力的认可而走出失败，获得成功。于2011年逝世的史蒂夫•乔布斯是苹果公司的创始人，早年他和史蒂夫•沃兹尼克在试图推销一款早期的苹果电脑时，遭到了Atari Inc.和惠普公司的回绝，而现在的苹果公司已经跃居国际第一位了。哈利波特的作者J.K.罗琳的第一本小说《哈利波特与魔法石》在被伦敦一家小型出版社接纳之前，曾经遭到12家出版社的拒绝，如今凭借哈利波特起家的J.K.罗琳已经享尽荣誉，享尽富贵。Decca Records曾经拒绝与披头士乐队签约，他们说他们不喜欢披头士乐队的声音，然而披头士乐队的声音一经传出，便响彻了整个乐坛，数不尽的人为之疯狂。华特•迪士尼曾经被一家报纸的编辑以“缺乏想象力”为由解雇，现在的迪士尼乐园，却是孩子们和年轻人的天堂。“飞人”迈克尔•乔丹上高中时曾被校篮球队拒之门外，而现在的他依然是篮球第一人。而他们，正是因为具备了“自我效能感”，最终走上人生的巅峰。

人物评价

班杜拉说:“不要让别人的拒绝中止你的梦想。要相信你自己的力量。”拿破仑说“不可能”三个字只有在愚人的字典里才找得到,只要你肯说服自己,告诉自己可以办到某件事,就能办到,不管它有多难。一代又一代怀揣梦想的人证明了这一点,班杜拉又通过睿智的笔锋使之明快化,传播给越来越多的人。也许他对心理学的影响并没有多巨大,他的名字也并没有多响亮,但这并不是因为他不够伟大,相反,恰是因为他足够伟大,即使站在平民的位置,他依然能将他的人生放大。

最早测量智商的人——高尔顿

弗兰西斯·高尔顿(Francis Galton,1822～1911),英国科学家、探险家、气象学家、测量学家、指纹学的奠基人,优生学的创始人,遗传论者。他是心理学发展史上第一个系统测量人体差异的人,智力研究的开先河者,提出统计中相关和回归概念的先驱。他开创性地使用多种心理学研究方法,是第一个使用自由联想、双生子比较、家谱分析等方法研究心理差异的心理学家,是维多利亚女王时代的一位博学者。

成长经历

高智商的“探险家”

1822年,高尔顿出生在英格兰伯明翰附近。他的父亲是一位富裕的银行家,他的母亲是达尔文父亲的堂姐。高尔顿是家里7个孩子中最小的一个。他从小就是个神童,2岁半就能阅读和写作,5岁时就能阅读英文的任何书籍,7岁就可以轻松地阅读莎士比亚的著作。高尔顿对各种新事物和新问题都充满了好奇心并表现出高度的智慧,有人曾经估计高尔顿的智商能达到200。正是由于强烈的好奇心,使得高尔顿一生中涉及的研究领域相当广泛。

高尔顿一开始在家里接受教育,后来被送到寄宿学校。寄宿学校纪律严明,顽皮的高尔顿因为不守纪律经常遭到鞭打和训骂。寄宿学校的生活留给高尔顿许多痛苦的记忆,所以他对这段学习生涯一点也不怀念。16岁的时候,迫于父亲的压力,高尔顿进入伯明翰综合医院学习行医。作为医院的学徒,他每天不得不学习配药、接骨、拔牙、换药等技术。高尔顿对这些都不感兴趣,为此十分苦恼。在此期间,发生了一件有趣的事:出于好奇心,在学习配药的过程中,高尔顿为了亲身体验药房里各种药的效果,他从药名A字母开头的药物开始,系统地对每一种药物取小剂量亲自服用,直到有一天他尝试了一种叫巴豆的东西,才停止了这种冒险的尝试。巴豆是一种烈性泻药,尝试的结果是导致高尔顿剧烈地腹

泻，让他痛不欲生。但从这件事上，我们可以看出年轻的高尔顿的探索精神。

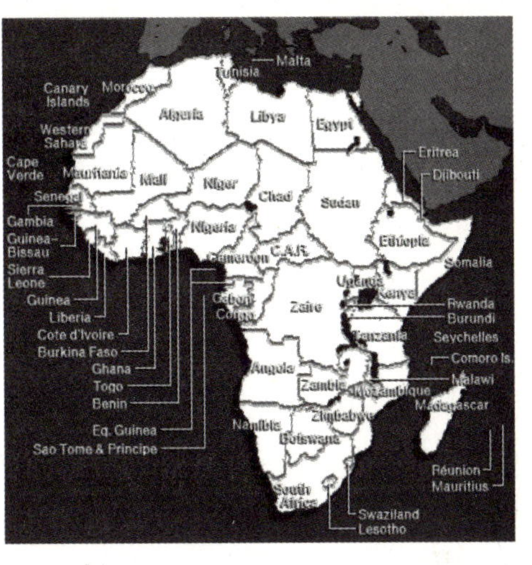

后来，高尔顿在剑桥大学获得医学学士学位。就在这一年，他的父亲突然去世，高尔顿获得了一大笔遗产。学医本来就不是他真正的兴趣所在，只是当初由于父亲的压力他才不得不选择了医学，现在，他可以从事任何自己想干的事。高尔顿喜欢旅行，于是他去了埃及、苏丹和中东、西南非洲等地旅行，这次旅行花费了他两年的时间。高尔顿在考察西南非洲时，绘制了一份非洲的地图，这在当时是件非常轰动的事情，因为当时的西南非洲还是一个鲜为人知的地方，高尔顿的这份地图能够帮助欧洲人加深对非洲的了解。为了表彰高尔顿对地理学的贡献，英国皇家地理学会授予他一枚最高荣誉奖章，后来还将他纳为学会成员。本来他打算继续周游世界，但由于身体条件，他不得不放弃旅行计划。

除了对旅游有极大的兴趣之外，高尔顿还不知疲倦地涉足法律、气象、地理等多个研究领域。他曾经对气象进行测量，试图预报天气，并发明了气象图；他是第一个提出用指纹进行鉴别的人，这一做法后来被法庭采用，并一直沿用至今；他曾经尝试测定祷告的效果和寿命之间的关系；他还试图测定美女的地区分布规律，他甚至饶有兴趣地测量人们对科学讲座的厌倦程度；他还对科学的检测仪器有着浓厚的兴趣，同时也对仪器发明家使用的技术很感兴趣，他自己开发了一个改良的定日镜，作为晴朗日子里的闪光信号，等等。总之，我们可以看出高尔顿是一个酷爱测量事物的人，甚至达到了迷恋的程度。并且，这种测量的嗜好很快被他带到了心理学的研究之中。

学术成就

人与人不同

人与人之间存在着巨大的个体差异，高尔顿认为我们应该测量和记录这些差异。其中他最感兴趣的一种个体差异就是智商。他认为：由于人的一切知识都是通过感觉获得的，离开了感觉，人就无从知晓外界的一切。因此，他觉得智力的本质就是感觉的敏锐性，感觉越敏锐，人就越聪明。而感觉的敏锐性是一种自然的禀赋，因而智力是遗传的。

为了证明智力是遗传而来的，高尔顿采用了多种方法对智力进行研究。例如他以声望作为智力的指标，认为声望越高，智力水平也越高。他采用了家谱研究的方法选取了977个名人，包括英国的首相、将军、政治家、科学家、文学家、艺术家、法官和著名医生、诗人等，对其家谱进行分析，发现89个父亲、129个儿子、114个兄弟也具有极高的声望。换句话说，977个名人的家族中有322个也是名人，但是在普通人口中，每4000人才能出现一个有声望的人。因而他断定，“聪明”、“天赋”、“天才”是遗传的，同时他还补充说明，这种遗传的智力必须与热情、活力以及个人的努力相结合，才能获得较高的声望。于是他又通过双生子的研究来支持他的遗传决定论。

他对80对双生子的研究发现，同卵双生子即使分开抚养，他们在智力水平上的差异也不大，而异卵双生子即使在一起抚养，他们的智力差异也大于同卵双生子的差异。于是他更加坚定了自己的观点，人的智力和能力是遗传决定的。根据这一点，高尔顿提出了所谓的“优生学”，即鼓励智力高的人多生育，而阻止或减少智力低下的人进行生育，这样就可以改善人口整体的智力水平。他的这一想法并非完美无缺，首先就遭到了他的表兄达尔文的强烈反对。达尔文在给高尔顿的信中指出，除了那些天生的痴呆外，人与人之间在智力水平上其实并没有太大的差异，人与人之间的成就差异并非智力水平高低所导致，而是由于努力的程度和对工作的热情程度不同所造成。他还批评高尔顿曲解了他的进化论。

高尔顿的遗传决定论犹如一枚重磅炸弹，在社会上引起了广泛的反响，引发了人们对遗传和环境的关系的激烈争论。与他同时代的一些学者向他提出了挑战，学者们认为在造就科学家方面，环境因素起着更为重要的作用。因为一个国家的民主政治环境、文化氛围、繁荣的经济在造就高智商的人才方面发挥了巨大的作用，至少与遗传因素是一样的。面对这些挑战，高尔顿毫不畏惧，反驳他们最好的方法就是用数据来说话，于是他充分发挥了自己测量的天赋和才能，他发放了200份问卷调查表给英国皇家学会的科学家，这份问卷设计得非常详尽、细致。在问卷中，问题涉及政治背景、宗教信仰、帽子尺寸和为什么对科学感兴趣等等。尽管问卷很长很烦琐，但大多数科学家都完成并返还了问卷。调查的结果让高尔顿十分惊喜：大部分科学家都认为自己对科学的兴趣是天生的。但高尔顿并没有匆忙地就此下定论。细心的他还发现，在科学家的数量方面，苏格兰远远多于英格兰。他认为这可能与两个不同地区的教育制度有关，苏格兰的教育制度宽松自由，而英格兰的教育制度则刻板而又严厉。高尔顿觉得他不能只考虑天赋而不考虑环境对人的智力的影响了。

在今天看来，高尔顿的研究方法和遗传决定论的观点是有很大的漏洞的。他完全忽视了环境的作用，虽然他后来修正了自己的一些观点，但他的遗传决定论和优生学理论却在英国、德国和美国产生了广泛却恶劣的影响，导致了各种种族歧视现象。遗传和环境的争论一直持续到今天，依然没有最后的定论，但现在大多数人都能接受的观念是，遗传仅仅是一个素质和前提，社会实践才是智力发展的根本，因此，遗传决定论是错误的，而优生学也有悖于人类发展的规律，已经被人们所摒弃。

人体测量

为进一步研究智商的个体差异，1884年，在伦敦国际卫生展览会上，高尔顿设置了一个“人体测量实验室”。人们对这个实验室充满了好奇心，大家纷纷前来参观并进行测量。在不到一年的时间里，高尔顿就拥有了9337名被试并得到了他们的测量结果。高尔顿用了他能想到的所有方法进行测量，包括人体的生理和心理各个方面。在生理方面有头的大小、体重、上肢的长度、站立的高度、坐着的高度、手的握力和拉力、肺活量等等，而在心理方面则包括：色彩的分辨能力、长度判断能力、空间的分辨能力、所能听到的最高音调等等，所有测量到的数据都被准确地记录下来。随后，高尔顿又在伦敦科学博物馆内设立了一个类似的实验室，在这个实验室里，高尔顿连续工作了好几年，人们通过测量结果不仅能够获得可能发生某种疾病的警告，而且还可以了解自身身体的状况，因而吸引了越来越多的人前来测量，费用也非常低廉，仅仅3个便士，如果是第二次测量，仅收2个便士。通过这种方式，高尔顿搜集到了数量惊人的资料，并且我们可以想象，在还没有出现计算机的当时，对这些资料进行统计和分析将是一个多么庞大的工程。然而在众多困难面前，高尔顿并没有退缩，他凭借顽强的毅力克服了这一切困难。

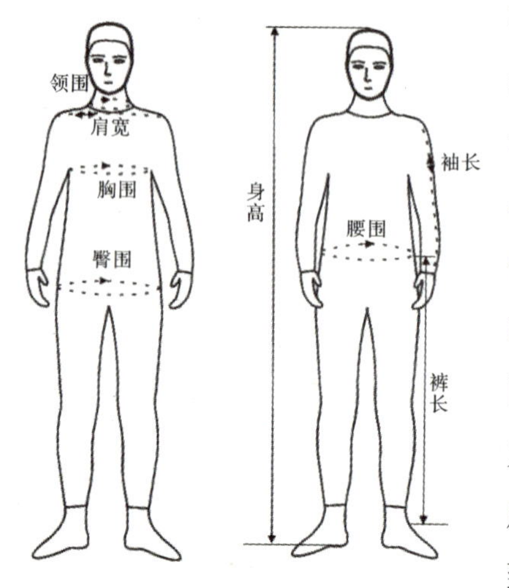

在进行听觉测量时，高尔顿找不到一种工具可以测量人们在能够感知的范围内的最高频率的声音，于是他发挥了自己的创造性，亲自制作了被后人称为“高尔顿哨”的仪器，高尔顿哨是一个特制的哨子，固定在空心拐杖的一端，另一端有一个橡皮球，按动橡皮球，哨子就会发出声音。

此外，他还发明了光度计，测量人们对色点的匹配程度。他还设计了分度钟摆，用来测量对光和声音的反应时间。他甚至用一套各色各样的盛有不同物质的瓶子来测定嗅觉的灵敏度等等。在发明和创造中，高尔顿获得了极大的满足和成就感，而这也是他保持工作热情的源源不断的动力。

“相关”与“回归”

在研究智力和个体差异的过程中，善于探索的高尔顿发现了一些新的现象，他用“相关”和“回归”这两个概念来描述他所发现的现象。比如，通过测量他发现，如果一个人的上肢比较长，那么他的下肢往往也会比较长，在上肢和下肢之间就是一种相关的关系。再比如，父母较高的孩子，其身高往往也比较高；若父母的身高处于较低的水平，则他们的孩子也较矮。这说明父母的身高同孩子的身高是一种相关的关系。高尔顿的发现并不仅仅只有这些，他还注意到，如果父母的身材特别高，则他们的孩子不会像父母那么高，而是比父母矮一些。如果父母的身材特别矮，他们的孩子也不会像他们的父母那样矮，而是会比父母高一些。这种现象高尔顿把它称之为“回归”现象，即孩子的身高有向父母的身高平均数回归的趋势。后来，高尔顿的学生卡尔·皮尔森继承了高尔顿的思想，设计了一个公式，以数

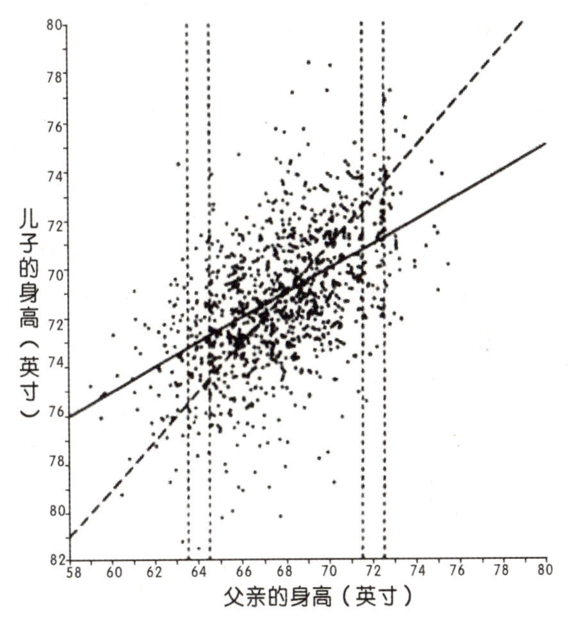

学的方式来表示相关，即后来人们所熟悉和使用的“相关系数”。为此，他研究了学生的学业成绩和他们20年后工资的关系。他发现，那些学业成绩好的被试，日后也获得了较高的工资，而学业差的人日后的工资也较低。这说明学业成绩和日后的成就之间是一种相关的关系。而人们在现在所使用的统计书上面经常看到的相关和回归这些概念，正是来源于高尔顿当年所使用的概念。

人物评价

高尔顿开创了智力研究的先河，虽然他的智力理论已经被现代的人们所推翻，但他对智力差异产生的原因进行了积极的探索，激发了其他心理学家研究智力的兴趣。此外，他的发明与创造使心理学有了了解个体差异的量化方法。虽然他的许多思想和方法现在看来只是那个“蛮荒”时期的一种探索，但这种探索，留给了我们许多财富。现在蓬勃发展起来的心理测量，正是得益于像高尔顿这样孜孜不倦的先辈们的不朽贡献。因此，我们可以说，如果冯特是把实验引入心理学的第一人，那么高尔顿则是把问卷调查、心理测量和统计方法引入心理学的第一人。

有美、有爱、有意义的人生——弗洛姆

弗洛姆(Erich Fromm,1900～1980),德国精神病学家,新精神分析学代表之一,人本主义心理学的先驱。被尊为"精神分析社会学"的奠基人之一。他的思想特色是综合了精神分析理论和马克思的人本主义观点,形成了他独特的社会文化人性观。

成长经历

童年的际遇

1900年3月23日，弗洛姆生于德国法兰克福市，他是家中的独子。弗洛姆的祖父以及他的两位堂哥都是犹太的学者，还有一个舅舅是著名的犹太法典学者，受家族的影响，弗洛姆也从小学习犹太法典。他父亲是个商人，并且喜怒无常。母亲则患有间歇性抑郁症，因而他的童年生活也并不愉快。这也是他后来学习心理学的主要原因。

年幼的弗洛姆很少得到父母的关心和照顾，所以他比较内向、孤僻，常一个人外出游走，以逃避冷漠的家庭气氛。一次，他在林子里发呆，突然听见远处传来一阵声响，地面也跟着发颤，他循声望去，原来是一群野象经过。象群穿过一条铁路，但是其中一头小象却好奇地停在铁轨上不肯离去，不幸也就这么不期而遇。一列客车开来，小象被撞到了，重重地摔在了路基下。这时象群一起朝火车冲去。它们用长长的牙去撬铁轨和枕木，最后铁轨和枕木都乱七八糟地躺在了那里。再后来，这段损坏的铁路始终没有被修好，因为象群一次次地将铁路摧毁。整个事情以政府宣布绕过撞死小象的地方另修一段新铁路而告终，不过这并不是因为政府无计可施了，而是为了给路过的动物留出一条专门的通道。死亡吓坏了年幼的弗洛姆，但是这件事也引起了弗洛姆对生命的思考。也许当时的他并不知道政府的真正用意，后来他在读到法国学者史怀泽的名言时，便顿悟了。当一个人把植物和动物的生命看得与他的生命同样重要

的时候，他才是一个真正有道德的人。人类没有权力剥夺其他生物的生命，一切的生命都值得被尊重。他开始对“人性学”着迷了起来。

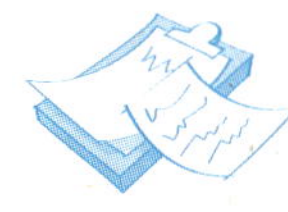

最初的思考

求学期间，弗洛姆辗转于多所大学之间，学习了哲学、法学、社会学、精神分析学等等。尤其是马克思的人类观和弗洛伊德的人性观，不仅是弗洛姆研究和借鉴的对象，更给了弗洛姆批判和拯救的勇气。他承认马克思所说的人与社会的关系，也同意弗洛伊德提出的人的动物本性，在他们的基础上，弗洛姆提出了自己的人性观，这也是他对人性最初的思考。而对《圣经》里亚当和夏娃的故事的思考，则是他的第一个智慧果实。

耶和华用地上的尘土造了一个人，然后将气息吹进他的鼻孔里，于是他就成了有灵的活人，名叫亚当。

神在东方的伊甸建了一个园子，并在园子里种满了各种各样的果树，其中有一棵树叫做“智慧树”，它所结出的果子可以悦人的眼目。耶和华让亚当看守园子，修理果树。他对亚当说：“园中各种树上的果子你可以随便吃，但是智慧树上的果子你不可以吃。因为你吃的时候必定死。”说完耶和华走了，亚当谨遵耶和华的嘱咐看守着园子。耶和华又觉得让亚当一个人独居不好，想造一个伴来帮助他。于是他又用土造了各种飞禽走兽，这些飞禽走兽像亚当一样，都是神所造，可是他们没有依附关系，都不能当亚当的助手。于是耶和华让亚当沉睡，从他的身上取走了一根肋骨，又把肉重新缝合起来。耶和华就用这根肋骨造了一个女人，让她与亚当作伴，亚当为她取名为夏娃。

在耶和华所造的各种兽里，蛇是最为狡猾的。蛇对夏娃说：“神真的说你们能吃园子里的所有果实吗？”夏娃：“神说我们可以吃各种树上的果子，除了智慧树上的果子，不然的话，我们就会死。”蛇说：“不会的，你们不会死的。智慧树结的果子可以让人的眼睛明亮起来，能够明辨善恶，神是怕你们吃了之后，就和他一样有智慧，明善恶了。”夏娃听了蛇的话，

想着可以有智慧，于是便吃了智慧树上的果实，并给亚当也吃了。吃过之后，他们的眼睛顿时明亮了起来，才发现原来他们是赤身裸体的。这时他们才有了“羞愧”之心，并用无花果的叶子，为自己编了草裙。

正统的《圣经》学者认为亚当与夏娃犯了罪，因为他们违背了上帝的意旨，偷吃了智慧树上的果实。但是弗洛姆却背离宗教正统，他认为亚当与夏娃吃了智慧果之后，他们觉得“赤裸”与“羞愧”，正是因为他们意识到了自我，意识到道德价值，意识到了自己既是自然的一部分，但同时又拥有自己的思想，而不只是只有动物本能的那个“准人类”。懂得羞愧，辨别善恶，这是人类独有的美德。正是有了这种能够采取独立行动和从理性出发的美德，人类才逐渐变得高尚起来。

学术成就

爱的艺术

经过进一步的研究，弗洛姆发现了人性中更有深意的内容，那就是爱。他认为，与其说爱是一种情感，不如说爱是一种能力，一种态度，一种积极的活动，是灵魂的一种力量。如果用最通常的方式来描述爱的特征，那就是给予，而不是接受。

一个女孩十四岁，读初中。她生活在一个单亲家庭，为此她常常责怪妈妈，为什么对她这么不公平，别人都有爸爸的疼爱，她却没有。所以女孩很任性，总是和妈妈作对。尽管妈妈为了生活，为了她能上学、能吃饱穿暖，天天忙碌辛苦地工作，但是女孩还是认为妈妈一点也不疼她。看到女儿这样不开心，妈妈心里也不是滋味。为了能使女儿快乐起来，一天，妈妈邀请女儿去阿尔卑斯山滑雪，而且还为自己和女儿准备了雪白色的滑雪服。女孩迫不及待地穿上了它，雪白的滑雪服和皑皑的白雪互相映衬，真是美极了。母女俩开心地滑着，笑着。她们从没有像今天这么开心过。然而，母女俩在滑雪中，由于缺乏经验迷路了，并遭遇了可怕的雪崩。厚厚的雪，冷冷的风，她们又饿又冷，实在动弹不得。终于在天黑之前，她们看到了搜寻她们的直升机，母女俩拼命地挥手，拼命地呼喊，声嘶力竭。可是由于她们穿的是白色的滑雪服很难被发现，直升机几次搜寻都未能找到。她俩在雪山中挣扎了两天两夜，气息微弱，身上冻得就快没有了知觉。终于，女儿挺不住昏迷了过去。当女孩再次睁开眼的时候，发现自己躺在医院里，而母亲已不在人世了。医生告诉她，是她的妈妈用生命救了她。在雪地里，妈妈割断了自己的血管，用尽最后的一丝气力，在雪地里爬行，用自己的鲜血染红一片白雪，让直升机发现了她们。

这就是爱的艺术，无声胜有声。父母的爱如此，对自己的爱也是如此，这不是自私，而是对生命的尊重，尊重自己的生命，也关心他人的生命。爱还包含了关心、责任感、尊敬和了解等，只有具备了健全人格的人，才有爱的能力。

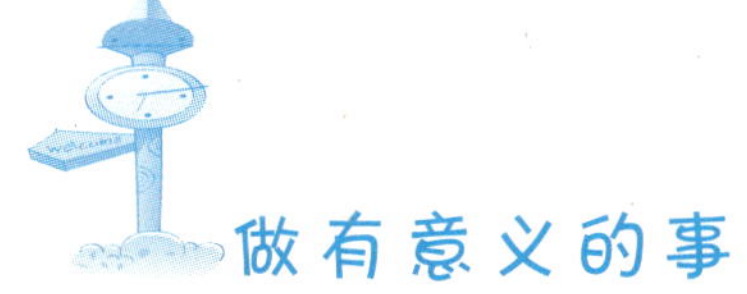

做有意义的事

对弗洛姆产生影响的除了马克思和弗洛伊德外，其实还有中国的禅宗。弗洛姆对禅宗也颇有研究，他的许多观点同东方的禅宗是有很多相通之处的。比如他曾提出只拥有爱的能力还不够，人类有好多种身体与精神上的需要，希望在世界上活出意义来，做有意义的事。

奥斯特洛夫斯基曾说过一句话："人最宝贵的是生命，这生命属于每个人只有一次。人的一生应当这样度过：当回忆往事的时候，他不至于因为虚度年华而痛悔，也不至于因为过去的碌碌无为而羞愧；在临死的时候，他能够说：'我的整个生命和全部精力，都已经献给世界上最壮丽的事业——为人类的解放而斗争'。"我们也许不能成为了不起的伟人，接受人类解放的事业，但是我们依然要多做些有意义的、有用的事，少一些遗憾和悔恨，让短暂的生命更饱满，让平淡的生活不平凡。

人物评价

作为心理学家，弗·洛姆并没有为很多人所知。也许有人认为他是沾了些弗洛伊德的气息，所以才有了点作为，或者是习得了点马克思的思想才有了些思考。但是谁又能否认他温和、人性的思想是人类最真实的面目？他是第一个将目光放到个体之外的心理学家。他不仅洞悉了人的本真，也号召要“尊重自己的生命，尊重任何有灵的生命”。人要有德、有爱，这样的人生才有意义。

和鸡猫为伍的心理学家——桑代克

爱德华·李·桑代克(Eduar Lee Thorndike ,1874～1949),美国哥伦比亚学派的主要代表,动物心理实验的鼻祖,联结主义心理学的创始人,创建了教育心理学,并设计心理测验,是美国教育测量运动的领袖之一。19世纪末,桑代克通过著名的“迷箱实验”,观察到动物是通过尝试错误而偶然获得成功的,因而他认为动物的学习是在情境刺激与反应之间形成联结,即“学习是联结的形成和巩固”。桑代克在一生的学术生涯中获得了诸多荣誉和奖励。1912年他当选为APA主席,1917年被选为美国国家科学院成员。1925年,哥伦比亚大学的董事会授予桑代克一枚巴特勒金质奖章以肯定他对教育作出的贡献。1933年,他又担任了美国国家科学促进会主席。1936年,他担任了美国心理测量学会的主席。

成长经历

害羞的小男孩

1874年8月31日，桑代克出生于马萨诸塞州的威廉斯堡，父亲是一名卫理公会的牧师，母亲是一位维多利亚式家庭主妇。因为父亲工作的缘故，他们一家每隔两三年就得从一个小镇搬到另一个小镇。小桑代克极度的害羞和腼腆，从不轻易主动跟别人说话。尽管如此，小桑代克在学习方面却很有天赋。从小学开始他成绩便十分突出，所有的课程排名在班里都是第一或者第二，这种情况一直持续到了高中。他有一个很优秀的哥哥，跟他在同一所学校里，是一个很受大家欢迎的人，并且很有才能，拿过许多奖项。他一直都很羡慕自己的哥哥，并在心里面暗暗发誓：要像哥哥一样优秀，甚至超过他。这种追求成功的欲望成了他一生奋斗的动力。

1891年，桑代克进入卫斯理大学学习，延续了一直以来的好成绩。他当过学校报纸的主编，参加各种体育运动项目，更引人注目的是，他几乎每年都至少荣获一项重要的学术性奖励。鉴于他在大学里出色的表现，学校最后让他以美国大学优等生荣誉学会成员的身份毕业，并获得了卫斯理大学50年来最高的平均学业成绩。大学期间，有一次他阅读了詹姆斯的《心理学原理》，这本书深深地吸引了他，詹姆斯对心理学深刻的认识和独到的见解给了他很大的启示，于是他下定决心投身到心理学的研究之中。

走不通的道路

随后，桑代克进入哈佛大学继续深造，机缘巧合，他很荣幸地成了詹姆斯的学生。詹姆斯在当时的心理学界可谓赫赫有名、无人不晓，桑代克对其更是敬佩有加。受詹姆斯的熏陶，桑代克对心理学愈发感兴趣了。詹姆斯曾经说过，在读心术演示中，心思被读到的人会无意识地产生细微的面部运动，并且假设儿童比成人更容易看到这种细微的运动。受这一启发，桑代克开始研究3～6岁儿童的读心术能力。他招来一批儿童，然后坐在一个孩子的对面并想着某个数字、字母或物体，让孩子猜他正在想什么，孩子每猜对一次就会得到一颗糖。孩子们都很喜欢这个实验，乐于当个小小的“研究生”。但学校却对“读心术”实验的结果产生了疑虑，不想让他再进行下去，最后他不得不终止自己的这个实验。这是桑代克的第一次实验，也是一个没有任何结果的实验，这无疑是一个很大的打击。但他并不气馁，既然这条路走不通，那么一定有其他能走通的道路。他开始琢磨其他研究的可能性。

和鸡猫为伍

有一次卡特尔来到哈佛大学讲学，年轻而聪颖的桑代克从中受到了启发，他决定以动物为被试，研究动物学习的本质，试图从中找到人类学习的本质。很快他就向詹姆斯提出要进行以小鸡的本能和智力行为为主题的实验的想法。然而，要用小鸡做实验，必须要有一个专门饲养小鸡的地方。于是詹姆斯帮他向学校申请实验室，但遭到了校方的拒绝。这似乎预示着他的研究从一开始就不会一帆风顺，而是充满了波折。为

了开展研究，他不得不在自己的公寓里腾出一个房间，把书堆起来作为围墙，然后把几只小鸡放进去，饲养起来。就是在这里他进行了一个很有名的实验。在试验中，小鸡必须找到一条路走出围栏，围栏的附近是一个有食物、水和其他小鸡的篱笆。刚开始的时候，小鸡跳上跳下、吱吱大叫，扑腾扑腾地乱转，尝试很多次之后才找到了离开围栏的出口。然而小鸡又一次被放回了围栏，这次它们跑向出口的速度明显比上一次要快一些，仿佛已经认识了路，如此反复多次，直到小鸡十分熟练地跑出出口。这一发现让桑代克十分惊喜，他觉得自己隐隐约约地看到了动物学习的某些规律。小鸡的实验取得了初步的成功，颇得詹姆斯的赏识，并且圆满地修完了他博士学位的选修课——生物学课程。

然而桑代克并没有沉浸在成功的喜悦当中，他又想到了另外一种动物——猫。于是他的公寓里又添加了一批新的成员——几只猫。他的邻居还一度以为他是一名马戏团的驯兽师。有一次他在摆弄孵化器时，不知什么缘故孵化器差点着了火，并且不小心被房东太太看到了，这下桑代克慌了。房东太太脸色十分难看，她觉得他在这里做实验太危险了，说不定会把整个房子都给烧了。于是她坚持要把他的小鸡和小猫们撵走。桑代克没有办法，他只得把他的小鸡和小猫们领回哥伦比亚大学，在那里他亲自动手，建起了自己的实验室，这样他就不用再担心这些小动物们没有安身之处了。很快他又

养了7只小猫和6只幼猫，这些都成了他后来最著名的实验被试。

此外，桑代克亲手制作了15个迷箱。这些箱子是完全封闭的，只在箱子左边的拐角处开了一个小小的出口，放在迷箱中的饿猫必须学会按压踏板或者拉动绳索，才能逃出迷箱并获得食物。当猫被第一次放在这些迷箱中时，猫进行各种尝试，它们不停地舔自己或者抓挠自己，甚至还会挠墙壁、乱抓金属丝网，试图从小洞或间隙中挤出来。这时猫的反应就像是一个“烦恼者”，不断地犯错误。然而很偶然地，猫拉开了绳索，成功地逃出了迷箱，它飞速奔向自己最喜爱的食物——鱼。吃到鱼的猫就像一个“满足者”，慢慢地享受起来。然而猫又一次被放到迷箱中，这次它尝试的次数要比上一次少，犯的错误也变少了。如此反复，猫最终能够快速、顺利地逃出迷箱。这跟之前小鸡实验的结果是一致的，桑代克认为他的观察终于可以下一个很重要的结论了。

遭遇批评

动物实验的成功令桑代克赢得了鲜花和掌声，同时也不乏一些尖锐的批评声。然而自信的桑代克从来就不怕别人的评头论足，他甚至对批评家们的关注表示欢迎。他在写给未婚妻的信里说他的论文受到了一位“老橡树”的严厉批评。这位“老橡树”何许人也？他就是蒙特利尔市麦吉尔大学负有盛名的一位比较心理学家——威斯利·米尔斯，在动物研究方面颇有成就。米尔斯抨击桑代克忽视了前人的研究，对于这一点桑代克不打算进行反驳，事实上，他就是有意忽视此前的研究，他想要清除比较心理学的整个框架重新开始，建立一套属于自己的理论体系。另外，米尔斯又批评了桑代克在实验中使用的情境是人为创造的，并声称他自己的实验是将狗置于田地和农场中，狗很自然地表现出了高度智慧的行为，而桑代克的动物们则处在惊恐的状态之下，因而不能够智慧地

行事。对这一说法桑代克提出了质疑，他的猫大部分时间都生活在实验室里，所以对它们而言，这种情境就如同农家猫在农场院中一样自然。在这番舌战中，姑且不论孰对孰错，在态度上，桑代克从来都不甘示弱，总是据理力争捍卫自己的观点。而他们两人争论的话题在近代动物学习领域掀起了新的浪潮，被后人反复地提起。

学术成就

学习三定律

桑代克根据动物学习实验，提出了三条著名的学习定律：(1)练习律，即学习需要重复，换句话说就是“熟能生巧”；(2)效果律，即反应因获得满意的效果而被强化，以后在同样的情境中这一反应容易再次出现；相反，若反应带来的是痛苦的效果，以后在同样的情境中这一反应将不会再出现；(3)准备律，指的是学习开始时的预备之势。在现实生活中，我们可以充分利用这三条规律来提高我们的学习成绩。早在两千多年前，孔子说过“学而时习之”，方能“温故而知新”，桑代克的练习律与其有异曲同工之妙，当我们学习了某一知识后，通过适量的练习使之达到巩固和熟练。但是学习又不仅仅是简单的重复或是采用“题海战术”，过量的练习反而会挫伤学习的积极性，容易使人陷入死记硬背的苦海。我们常说“失败是成功之母”，实际上，“成功也是成功之母”，桑代克的效果律告诉我们要学会发现自己、发展自己。当我们的学习遇到困难时，别忘了给自己一些积极的鼓励；当我们每取得一点进步时，要满怀信心，争取更大的进步。桑代克的准备率则告诉我们，当一个学习者做好了学习准备，即动机准备，学习就能发生；如果学习者没有做好准备，学习就不会发生或者效率不高。所以，我们在学习过程中要意识到学习某一门功课的重要性，这样就能激发我们的学习动机。

另一片天地——教育学

最初桑代克的兴趣只集中于动物学习上，让人意想不到的是，一段特别的经历使他的兴趣转向了教育学，并在教育领域作出了重大的贡献。

在获得博士学位之后，桑代克找到了一个很好的职位，在西储大学女子学院担任一名教育学副教授。当他满怀自信地走向他的第一份工作时，他才发现是如此的举步维艰，虽然他已经称得上动物实验方面的专家，但他对教育学却所知甚少。为此，他不得不抽出全部的空闲时间来阅读教育学文献资料。作为一名教育学老师，他的教育学专业知识只比他的学生略微领先一步，因此，不管是为了教好学生还是提高自己，他都必须去钻研教育学。结果他慢慢喜欢上了这个学科。虽然在西储大学女子学院他仅仅待了短短的一年时光，但他已经与教育学结下了不解之缘。当他被卡特尔召回哥伦比亚大学时，他毅然选择了教育学院，并在教育学院度过了余下的学术生涯。

在教育学院的那些年里，桑代克不仅专心于学术研究，并且投身于将研究成果应用到实践当中。他帮助美国烟草公司设计应聘者的考试和选拔测验。第一次世界大战期间，他为陆军开发出飞行员的选拔技术。战后，他将数千美元资金投资于卡特尔的心理学有限公司，后来被成功地推选为公司的董事会主席。跟卡特尔一样，桑代克支持用精确的方法来测量和评估心理现象。他曾经着手调查美国310座大型城市和114座小型城市的生活质量，搜集了大量的信息，包括每座城市的人口情况、教育和娱乐设施、居民的健康水平和收入、犯罪率等等。同时他还进行了

其他方面的测量，包括初高中毕业生的人数、识字率和图书流动情况等。通过测量他得到了大量的数据，很好地反映了每个城市的整体环境质量和人口遗传特征。他的测量结果一经公布，立即引起了人们对城市环境建设的重视。此外，桑代克对人类个体差异也十分感兴趣，并认为心理学的一个重要任务就是开发测量这类差异的技术，为此他专门设计了一项智力测验，这个测验在哥伦比亚大学和其他许多研究机构都得到广泛应用。

人物评价

桑代克兴趣广泛，勤于笔耕。在他的一生中，一共写了50本书，450篇讨论教育心理学、测试和测量、工业心理学和社会心理学的文章，其中许多是专著。他还写了许多教科书，最出名的是他花费多年心血精心编著而成的三卷本《教育心理学》，这使得他的名字成了教育学的代名词。

毫无疑问，桑代克是心理学发展中的重要人物之一。尽管他的很多见解引起人们的争论和反驳，但是他的学习理论在心理学上始终占有重要的地位。在桑代克之后又出现了一些新的学习理论和模式，但他对动物和人类学习的研究方法和结论在心理学史上的影响是不可抹杀的。

心灵的巨人——弗兰克

维克多·弗兰克（Viktor Emil Frankl，1905～1997），奥地利心理学家、精神病学家，是维也纳第三心理治疗学派——意义治疗与存在主义分析的创始人，担任维也纳神经综合医学院的首席专家长达25年。他获得过世界各地29所大学的荣誉博士学位，是奥地利科学院荣誉会员。第二次世界大战后，是美国国际大学的著名教授，并任哈佛大学、斯坦福大学、迪尤省大学和南卫理公会大学的访问教授。他的著作已被翻译为三十多种语言，其中《活出生命的意义》是美国“最有影响力的十大图书”之一。

成长经历

贫困的童年

弗兰克出生于奥地利维也纳一个贫穷的犹太家庭。他的父亲是个小职员，忠厚老实，但对待孩子比较严厉。母亲则是一位虔诚的犹太教徒。他在家中排行第二，有一个哥哥和一个妹妹。弗兰克的童年生活十分贫困，由于是犹太人，他们没有土地，也不能从事其他的行业，只有父亲那点微薄的工资，所以就连基本的温饱也很难满足。不仅如此，父亲的单位还经常克扣他们的工资，还要他们无偿加班。不仅挣不到钱，反而拖垮了身体。母亲既要照顾父亲和年幼的他们，还要操持家务，辛劳万分。到孩子们到了上学的年纪，家里的负担更是大大加重了。为了能让他们上学，病弱的父母亲到处找活干，一天打好几份工，体力严重透支。这一切弗兰克兄妹三人都看在眼里。所以年幼的他们，为了填饱自己的肚子，为了减轻父母的负担，甚至还跑到农场里去乞讨。如果遇到好心的人，见他们可怜，还能给点像样的东西，但是哪里有这么多好运气呢？他们讨来的饭常常不是馊了、发霉了，就是硬得像石头一样咬不动，即使他们说尽了好话，也很少能够博得别人的怜悯。实在饿极了的时候，他们甚至还吃过牲口吃的东西。弗兰克鼓励自己不能倒下，他咬紧牙关，一一熬过。他还暗暗发誓一定要摆脱困境，改变这一切。他不相信这就是命运，他要跟命运搏一把。

学习心理学

弗兰克发奋学习，而且广泛涉猎各种学科。他要通过这种方式来改变自己的人生。但是，后来他发现，光读书是不够的，更要行动起来。在他看来，人应该是平等的，但是现实却不是这样，有的人生来就衣食无忧，有的人却穷困潦倒。他发誓一定要改变自己，改变这个世界，让更多的人从痛苦中走出来，快乐应该是属于每个人的。所以从高中起，他就积极加入当地的青年社会主义工人组织，投入人类事业中。慢慢地，他发现事情并非是他最初想象那样。不论贫富贵贱，每个人都有痛苦，而且最折磨人的痛苦并不来自肉体，而是来自人的内心。所以，他将重心转移到了心理学的学习，借以了解人的内心世界。1928年至1929年，他在维也纳以及其他六个城市组织了面向未成年人的免费心理咨询，并为大学的精神病治疗中心效力。1930年，他获得医学博士学位并晋升为维也纳大学医学院助教。1933年，他又接管了一家针对自杀妇女的精神治疗诊所。到1937年，弗兰克自己开业，从事神经病症和精神病的治疗。然而，正当他踌躇满志、大展宏图的时候，纳粹的入侵打破了他生活的宁静。当时他有机会去美国，但是为了他的父母、亲人、病人，他毅然放弃了移民美国的签证，留在了他热爱的祖国。1942年，他与家人被德国纳粹抓进了集中营，在集中营受尽了苦难。集中营的悲痛经验，反而使他发展出积极乐观的人生哲学以及著名的意义疗法，并到世界各地演讲推广意义治疗。1948年他获得哲学博士学位，同年任维也纳大学神经与精神病学副教授。1950年创办奥地利心理治疗协会并任主席，并任维也纳总医院神经科教授直到1971年，后又任维也纳大学医学院教授直到1990年。他为心理学倾其一生，是为了摆脱苦难，寻找生命的意义。

集中营里的苦难

1942年9月，弗兰克和家人一起被纳粹逮捕，关押在捷克波希米亚地区北部的特莱西恩施塔特纳粹集中营。此后，死神便接连不断地降临到他们中间。刚被关进集中营不久，父亲就活活地饿死了。之后，他们又被送往波兰奥斯威辛集中营，他的兄弟被纳粹残酷地杀害，母亲则死在了他们的毒气室里。就在纳粹投降前，他朝思暮想的妻子则死在了德国伯根－拜尔森集中营。后来他又被转至德国考夫图集中营、图克海姆集中营，有好几次差点死于纳粹的毒气和残杀。只是因为医生的身份，被认为有用才幸免于难。

在集中营里，他们的所有财产和权利都被剥夺，不仅饥寒交迫，而且随时会有死亡的危险，被判定体弱和有病的囚徒很快会进毒气室。在这里，生命显得格外脆弱。可是弗兰克观察到，身体不是那么强壮，但是有丰富的精神活动的人，似乎更容易生存下来，他本人就是实例。对妻子的思念和爱，让他在脑海中无比清晰地勾勒出了她的形象，并与她谈笑。爱，超越了时空甚至生死的阻隔，给拥有爱的人带去了内心的充实和强有力的支持，直到1945年4月27日他被美国陆军解救。

获救之后的弗兰克回忆到，即使在这种文化和道德冬眠的环境里，人们在动物式的生存本能外，还神奇地保持了对艺术和大自然的热爱，甚至感受更为强烈。"一位囚徒冲了过来，招呼我们去操场观看精彩的日落。站在外面，我们看见险恶的云在西边闪闪发光，整个天空布满了从铁红到血红、形状和颜色不断变换的云……然后，在几分钟寂静之后，一位囚徒对另一位囚徒说：'世界多美啊！'听到这里，我不禁感觉到，这句话是多么的庄严啊。在艰难绝望的环境里，依然保持着对爱和对美的感受，在黑暗中不懈寻找光明和希望。"

他还回忆说，有一次，一个德国军官把他带到一个小房间训话。纳粹剥光了他的衣服，拷打他，侮辱他。在经历了失去亲人、失去家园、失去尊严之后，那时的他本来已经意识不到自己的存在，如活死人一般，连痛苦都不知道了，但是却在那时，他豁然开朗："人所拥有的任何东西，都可以剥夺，唯独人性最后的自由——也就是在任何境遇中选择自己的态度和生活方式的自由——不能剥夺。"

就在这样惨烈的环境中，弗兰克竟顿悟了"人类的终极自由"。他说："一切自由、一切真理、一切意义都依赖于个人做出并予以实施的选择。这一选择决定了生命的意义。"

学术成就

命运就在你手中

弗兰克说："生命的意义既不能模仿也不能引进，它只能由每个人在各自不同的生存环境中寻找和发现。人类的目标就是在从现实到理想的奋斗过程中，创造自己的命运，创造生存的意义。"每当别人问起他是如何改变自己的命运的时候，他总会说起这样一个故事：

有人拜访卜算大师，问起了命运。拜访者问，这个世界上到底有没有命运。"当然有！"大师断然地说。"既然有命中注定，那奋斗还有什么用？"大师笑而不答，抓起拜访者的左手，先说了手上有生命线、事业线之类的算命的话，然后再让他举起左手并握成拳头。拳头攥紧之后，大师问："那些命运线在哪里？""在我的手里啊。"当大师再次追问这个问题的时候，拜访者恍然大悟：命运其实就在自己的手中。每一个人都是自己的主人。

每个人的人生都是独一无二的，生命的意义因人而异，最重要的是要明白，你现在在做什么，该做什么，什么还没有做，而命运就在做的过程中悄然变化着。

人物评价

弗兰克常引用尼采的一句话来形容他自己："打不垮我的，将使我更坚强。"弗兰克的一生就是越挫越勇的一生。他用自己的亲身经历向世人展示了生存的意义。他教诲人们如何从生活中领悟生命的意义，改变自己的人生观，进而面对现实，积极乐观地活下去，努力追求生命的意义。他的"人类终极自由"启示人们快乐还是痛苦地活着，不只是取决于环境的优劣，更取决于自身的态度和选择。你改变不了环境，但你可以改变自己；你改变不了过去，但你可以改变现在；你不能样样顺利，但你可以事事尽心；你改变不了事实，但你可以改变态度；你改变不了他人，但你可以掌握自己。命运就在自己的手里，想要拥有快乐幸福的人生，那么就用积极的心态来应对生命中的每次转弯。

惩罚还是奖励？——斯金纳

巴尔哈斯·弗雷德里克·斯金纳(Burrhus Frederic Skinner,1904～1990),美国行为主义心理学家,是新行为主义的代表人物。他主张用科学的方法对人类的行为本身进行研究,而不去管那些看不见摸不着的内部心理过程。通过实验研究,他发现了操作性条件反射的基本原理——强化原理,他的这一原理被广泛应用于教学、管理和行为矫正等各领域,使他成为20世纪中期家喻户晓的人物。1936年至1944年在明尼苏达大学任讲师和副教授,1945年任印第安纳大学心理系教授和系主任,1948年任哈佛大学心理学教授,直到1974年退休。在这期间,他于1958年获美国心理学会授予的杰出科学奖;1968年获美国政府颁发的最高科学奖——国家科学奖;1971年获美国心理学会基金会颁发的金质奖章。

成长经历

初露锋芒的"小发明家"

1904年3月20日，斯金纳出生在美国宾夕法尼亚州北部的萨斯奎汉纳镇。父亲是一名律师，母亲是一位聪明、美丽的家庭妇女。他的家是一个温暖而稳定的中产阶级家庭。

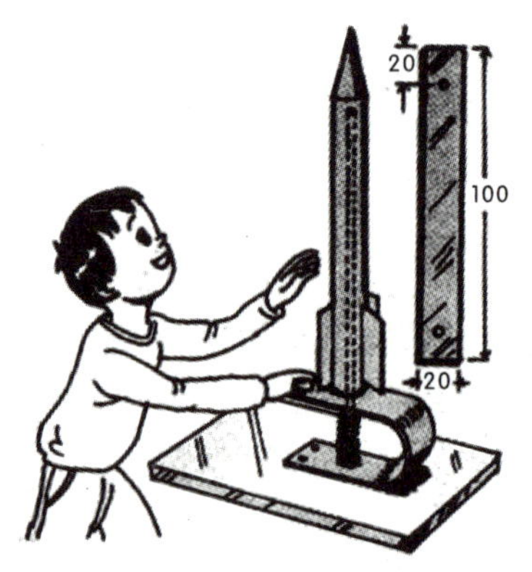

斯金纳从小天资聪颖，喜欢进行各种探险和发明创造。在他很小的时候，他就和几个小伙伴一起架着独木舟去漂流。他喜欢自己制作各种小玩意儿，他曾动手制作过有轮子的雪橇、有驾驶盘的小推车以及可以在浅水中撑驶的木筏。他还把废弃的锅炉改造成一门蒸汽炮，把土豆和萝卜当炮弹发射到邻居家的屋顶上。小斯金纳还花了好几年的时间从事永动机的设计，结果毫无成就。但斯金纳这种非凡的创造力和极强的动手能力，后来完美地融入了他的学术生涯当中。

斯金纳不仅喜欢发明和创造，还十分调皮。在他上小学时，他的表现就与好学生无缘，并且他常常搞恶作剧，成了挑战校规、扰乱学校秩序的调皮鬼。他对学校的一些做法和规定很反感，他有时抱怨学校总是让

学生做一些毫无必要的事情，把学生弄得团团转。在他上四年级的时候，他和几个同学一起，贴出海报，通知人们电影明星卓别林将要来学校做一个演讲，引起了全镇居民的轰动。那天许多人都慕名来到学校，很多小孩子则聚集到车站站台欢迎大明星的到来。结果人们的期盼都落空了，大明星并没有来。此事被学校知道后，校长对他和其他几位同学进行了严厉的警告，他们若再不安定下来就不给他们颁发毕业证书，最终这场闹剧才得以平息。

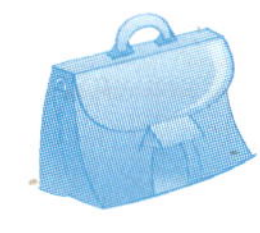

桀骜不驯的文学青年

在斯金纳上高中的时候，他的父亲被指派到一家著名的铁路公司担任律师，因此全家搬到了宾夕法尼亚州东北部的斯克兰顿市。斯金纳进入了纽约州克林顿市的一家文科学校——汉密尔顿学院，在那里他受到了极好的教育，特别是在文学方面。在一次文学课上，斯金纳阅读了莎士比亚的《称心如意》，被里面跌宕起伏的故事深深吸引。当天晚上，斯金纳的父亲偶然提到，有的人认为那个剧本不是莎士比亚写的，真正的作者是一个叫做培根的人。第二天，斯金纳便在班上夸夸其谈地宣布了这一消息，他的这一行为引起了老师的注意，但老师并没有马上否定他的看法，而是鼓励他通过查阅各种文献资料，搞清楚谁是真正的作者。于是斯金纳就开始认真收集各种关于莎士比亚和培根的资料，慢慢地对文坛的两位巨匠了解得越来越深入，因此也对文学产生了兴趣。后来他经常写一些小的文章，投给当地的小报和杂志。有一次会议上，他碰到了一位著名作家，他把文章给那位作家，结果得到了作家极大的赏识，认为他具有杰出的文学天才。这更加坚定了斯金纳从事文学创作的决心，以至于毕业之后他为自己从事文学创作做了充分的准备：为自己设计一个书房，订阅了许多文学杂志，阅读世界名著，甚至开始使用烟斗抽烟，以便看起来像个真正的作家。

然而他的美好愿望并没有实现，经过两年的努力之后，他发现自己没有写出什么有价值的东西来，因此，对文学创作的兴趣急剧地降低，最终放弃了。文学梦成了斯金纳人生中一段短暂的插曲。

投身心理学的怀抱

在汉密尔顿学院上学的时候，斯金纳曾选修过生物学、胚胎学和解剖学等多门课程，这期间他阅读了大量的书籍，丰富了自己的知识，他开始对动物和人的行为产生了浓厚的兴趣，在他不能用文字来描述人类行为时，他转向了用科学的手段来描述行为，于是他投入了心理学的怀抱。

1928年的秋天，斯金纳考入哈佛大学，成为一名心理学专业研究生。但是，他认为自己的基础知识很薄弱，一些课程让他感到十分吃力。于是他奋发图强，制订了一个严格的学习计划。每天六点多就起床，吃完早点后马上赶到教室、实验室或图书馆，一直学习到晚上9点钟，中途的休息时间很少。平常很少看电影或球赛，也很少听演唱会，没有跟女孩子约会。经过两年的刻苦学习后，他的心理学基础越来越好了。这为他日后的伟大事业奠定了坚实的基础。在哈佛大学求学期间，他最感兴趣的事情就是参加医学院召开的国际生理学大会和聆听巴甫洛夫的演讲，他曾经向巴甫洛夫索要过一张亲笔签名的照片作留念。受到巴甫洛夫的影响，他越来越倾向于行为主义，并且对条件反射概念产生了浓厚的兴趣。在实验室里，他做了许多关于条件作用方面的研究，并最终选择了条件作用作为他的博士论文选题。

惩罚还是奖赏？

在日常生活中，我们为了达到某种目的，都有过运用奖赏和惩罚的经历。比如说，孩子在一次考试中考得好，家中的奖励便接踵而至：小红花、糖果、奖金、手机等等。一旦考砸了，则是截然不同的态度，轻者骂，重者打，甚至罚站、罚跪等，什么都有。那么奖励和惩罚，到底它们的本质是什么呢？

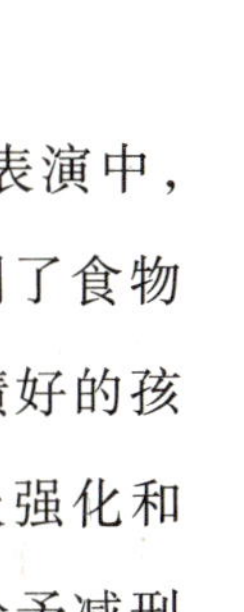

在斯金纳看来，奖励的本质就是强化。如在马戏团的动物表演中，当动物能够正确地完成任务时，便会得到食物作为奖励，而得到了食物奖励的动物又会更加投入地表演，这一道理与家长奖励考试成绩好的孩子的道理是一样的，强化可分为正强化和负强化，或者叫做积极强化和消极强化。小孩子考试成绩好给予奖励是正强化，犯人表现好给予减刑是负强化。正强化和负强化其实有内在的一致性，都是在某一行为出现后给予奖赏，鼓励这一行为的发生或巩固这一行为的持久性。

我们都有过这样的经历，在奖赏的激励下，我们做一件事情的动力往往很大。然而，奖赏都是好的吗？心理学家们做了一个这样的实验，他们把喜欢拉小提琴的儿童分成三个小组，第一组的儿童每拉一首曲子，就会得到一份奖品；第二组也给他们发了奖品，但与他们是否拉琴没有关系；第三组则不论拉不拉琴都没有奖励。一周之后，发现第一组的儿童拉小提琴的时间只是另外两组儿童的一半而已。这个实验说明了，对于那些本来感兴趣的工作，如果给予外部的物质奖励，兴趣就变成了一种任务，一旦奖励取消，工作效率将会直线下降。因此，相对于物质奖励

而言，精神奖励应该大力提倡。精神奖励是对一个人内在能力和品质的肯定，这种奖励更有利于保持人们对工作的激情。

相对于奖励，惩罚则是通过一个不愉快的刺激去抑制某一行为的发生。比如当孩子动手打别的孩子时，家长走过去斥责他，或者当汽车司机闯红灯后警察对其开罚单。惩罚往往有把不良行为暂时压制下去的功效，但是却不能实质性地消退它。当惩罚的影响消失后，它又会重新出现。比如，在汽车司机闯红灯后立即予以惩罚效果是最好的，如果是在事后几天甚至一个月才接到罚单，司机就会不以为然，他们甚至可能已经想不起当时是怎么违章的了。这样的惩罚对其影响微乎其微。

奖励和惩罚是塑造行为的两种重要方式，运用得当就会事半功倍，而运用不当则事倍功半。在现实生活中，我们应该掌握奖赏和惩罚的规律，正确地运用两者。

机器也能教学

1953 年的一天，斯金纳以家长的身份到小女儿就读的小学一个四年级的班级听算术课，他发现许多孩子都很希望回答问题，但并不是每个孩子都有机会表现，而且即使回答，老师的反馈也很不及时，整个教学效率很低。这使他十分感慨。从此，斯金纳开始致力于教育改革，他运用操作强化的原理设计了一套教学机器和程序，以提高学生学习的主动性和积极性。斯金纳的程序教学思想来源于他的动物实验。斯金纳认为，人

类的学习也是一种操作反应的强化过程，因此，可以设计一定的学习环境，在这个环境中通过一系列指引手段，将人们的学习行为引导到预期的效果中。

我们可以假设，如果我们是一名教师，在教学过程中我们应该充分考虑到一些因素，比如在规定的时间里计划教学的内容是什么，有哪些可以利用的强化物（比如奖品，甚至一句肯定的赞语），怎样有效地安排教学环节等等。这就意味着教师应该对教学目标进行分解，把非常复杂的教学内容逐渐转化为一个个小的单位或者步骤，并且确保每个步骤都能得到及时的强化。

斯金纳设计了自己的程序教学模式，把教材分成许多个小的学习单元，由浅入深，由简到繁。为了减轻教师的劳动、提高教学效率，斯金纳还设计了一套教学机器。这是一种台式机械装置，将所教科目的具体内容编制成一套几百乃至几千个逐步加深的问题框面。每一个步骤就是一个框面，学生正确回答了一个框面的问题，就能开始下一个框面的学习。如果答错了，用正确答案纠正后再过渡到下一个框面。框面的左侧标出前一框面的答案，成为对该框面问题的提示。一个程序学完了，再学下一个程序。这样一个简陋的教学机器，从某种意义上说，就是我们今天所使用的计算机教学的前身，斯金纳本人也因此被称为“教学机器之父”。

斯金纳箱

斯金纳为研究操作性条件反射，精心设计制作了一种特殊的仪器，即一个阴暗的隔音箱，箱子里有一个开关（如用白鼠为被试，即是一小根杠杆或一块木板；如以鸽子为被试，就是一个键盘）。开关连接着箱外的

一个记录系统，用线条方式准确地记录动物按或啄开关的次数与时间，如图所示。这个实验装置被称为“斯金纳箱”。在实验时，并不是动物每一次按杠杆或啄键盘都给食物，食物的释放方式由实验者决定。一面的箱壁上有一根横杆，恰巧装在一只小食盘和喷水口上面。老鼠在笼子里面爬来爬去，当它碰巧把前爪放在横杆上并压下它时，一粒饲料会自动落到食盘里。笼子外面连接的一些设备会自动在移动纸带上画出一条线，一分钟一分钟地记录下压下横杆的次数，从而记录老鼠的行为。这种方法比较容易收集数据，实验者所做的工作也更为简单、容易，他们不需要时时盯着老鼠，更不需要在横杆压下时及时地递送饲料，而只需要查看纸带上的记录就行了。

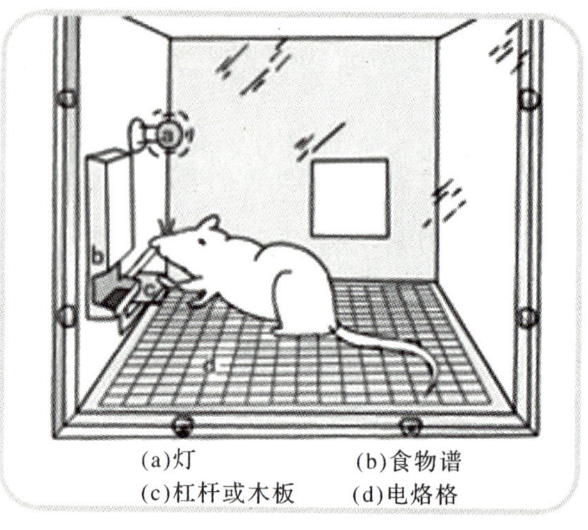

(a)灯　(b)食物谱
(c)杠杆或木板　(d)电烙格

斯金纳采用的被试多为白鼠，用自己发明的著名的“斯金纳箱”对动物进行操作条件反射的实验，训练动物做各种复杂的有时甚至是极为奇特的动作。在“斯金纳箱”中的白鼠偶然间踩中了操纵杆，供丸装置就会自动掉下一颗食物。白鼠经过多次尝试，就会不断按压操纵杆，直到吃饱为止。由于白鼠把按压操纵杆作为取得食物的手段和工具，所以，这种行为过程又被称为操作性条件反射。斯金纳认为，白鼠按压操纵杆的行为之所以发生，是因为不断有食物出现。这样，食物在这里就变成了强化物，因此，斯金纳得出结论，强化在学习过程中具有非常重要的作用。动物和人类的学习行为之所以会发生乃至变化，就是因为强化的缘故。

鸽子计划

1941年的一天，斯金纳正乘坐火车前往某地参加会议。在车上，他看到一则来自欧洲的报道，德国飞机又一次对盟国实施狂轰滥炸。斯金纳愤愤不平，思忖道：难道就没有一种更精确的炸弹袭击德国，制止希特勒的暴行吗？此时，火车的轰鸣声惊动了一群生活在铁路沿线的鸽子，它们矫捷的身影在空中翻转，

这种景象斯金纳再熟悉不过了，作为行为心理学家，他曾驯养过鸽子。他眼望着这群精灵，顿时灵机一动，一个大胆而新颖的想法出现在脑海中：能否用鸽子制导炸弹，准确地打击德国境内的目标？鸽子有着超强的识别能力和记忆能力，这种能力很久以前就引起人们的极大关注，人们将鸽子普遍应用于军事上的信息传递。可是用鸽子制导炸弹，却是从来没有过的事情。

斯金纳找来一只袜子，将前端剪开一个洞，先把鸽子的翅膀和爪子用带子轻轻捆住，再将鸽子的头颈从袜子的洞中穿出，然后将捆好的鸽子固定在一根安装于一座试验装置的木棍上。这样，鸽子的身体是固定的，而头颈却可以自由转动。斯金纳在鸽颈的四周安装了灵敏的触发式操纵杆，只要鸽子的头颈转动，就会触动不同方向的操纵杆，而操纵杆连接着电力开关，电力开关控制着与固定鸽子的木棍相连接的起重器。如此，只要让鸽子头部始终对准可识别的目标，木棍的运动就会始终指向设定的目标。这就是鸽子制导炸弹的最初原理。

为了让鸽子准确地识别目标，斯金纳在室内远处的墙壁上安装了投

射银幕，将需要识别的楼房、军舰等目标影像投射于银幕上，在目标影像的正中，摆上一小杯谷物，当鸽子准确地将头颈对准目标，而试验仪器将鸽子快速推向银幕时，鸽子就会得到食物。试验就这样开始了，聪明的鸽子很快就学会了用头颈触动操纵杆调整方向。为了让鸽子适应炸弹内部的环境，斯金纳又设计了一套与炸弹内部环境接近的模拟训练器，让鸽子置身其中，并将其啄食的力量转化为电子信号，传送至控制系统。当影像偏移中心位置时，鸽子会通过不断啄食加以修正。

斯金纳在“鸽子计划”上倾注了极大的热情，但最终“鸽子计划”并没有被美国军方认可，也没有派上用场。这对斯金纳无疑是个巨大的打击。但他并没有气馁，他把鸽子带回了哈佛大学的实验室，继续对鸽子进行训练。后来，为了宣传他的行为主义思想，他带着自己训练过的鸽子在电视上做表演：一只鸽子在玩具钢琴上弹一首曲子，一对鸽子玩一种网球游戏，两只鸽子用它们的嘴把一只球打来打去。全国几百万人在电视上看了他的表演，都觉得他是个十分了不起的人物。

人物评价

斯金纳的一生辛勤耕耘，共写出了一百多篇论文，十多本专著，并创立了操作性行为主义原理。此外，斯金纳孜孜不倦于将他的行为原理应用到人类的实践中去，使得他的理论延续至今，这也让斯金纳的名字不仅在心理学界人所周知，在其他领域也享有盛誉。2002 年，美国广受欢迎的心理学期刊《普通心理学评论》上刊登的一项最新调查结果显示，在20 世纪心理学家知名度排名中，斯金纳名列第1位。

人与机器相通之路——西蒙

赫伯特·亚历山大·西蒙(Herbert Alexander Simon, 1916～2001),当代著名的心理学家和经济学家,也是最出名的多学科专家。其研究涉及政治学、经济学、心理学、管理学、社会学、运筹学、计算机科学等众多领域,并且在这些领域均做出了重大的贡献,他是现代管理决策理论的创立者,也是信息加工心理学的奠基人,由于赫伯特·西蒙在决策理论研究方面的突出贡献,1978年他被授予诺贝尔经济学奖,西蒙是目前为止因管理学上的成就获得诺贝尔奖的世界唯一一人。1958年,西蒙获得美国心理学会颁发的心理学领域的最高奖——心理学的杰出贡献奖;1975年获得世界计算机领域最高奖——图灵奖;1986年获得美国国家科学奖——科学管理的特别奖。西蒙被称为20世纪罕见的博学杂家。

成长经历

与众不同的少年

1916年6月15日，西蒙出生于美国威斯康星州的港城——密尔沃基。西蒙的家庭是一个典型的美国中产阶级家庭，父亲是德国移民，犹太人，是一名电气工程师，受过严谨的德国式大学教育，一生有几十项发明专利；母亲来自一个钢琴世家，在音乐学校当老师。父亲的严谨认真、一丝不苟，对西蒙性格的养成有很大的影响，而母亲则给他留下了一手出色的钢琴技艺。

跟其他的孩子相比，西蒙从小就有一些特别。他是左撇子，并患有色盲。在他四岁那年的夏天，西蒙和小伙伴们一起到野外摘野草莓。别的小孩都摘得很快，没几分钟袋子就装得满满的了，而西蒙摘了半天才摘了几颗草莓。他很奇怪，为什么别人那么容易就能够在叶子中间找到草莓，而自己却老是找不到草莓。西蒙这才知道草莓是红色的，而叶子是绿色的，他自己分不清这两种颜色，从此他知道了自己是个色盲。

西蒙自小就天资过人，喜欢独立思考。他知道父亲是一个发明家并拥有多项专利，但他从来不会问："爸，这个你是怎么发明出来的？"他认为，与其被告知怎样做，还不如自己在书本上阅读。如果别人告诉了你怎样做，那么发明就没什么意思了。因此，他喜欢通过自己阅读书籍来发现知识。小西蒙对任何事物都有着强烈的求知欲，兴趣十分广泛，自学能力很强。他平常最喜欢去的地方就是父亲的书房，在那里，他常常

能够找到很多好书，然后有选择地阅读一些他能够理解的书籍。在离西蒙家3英里远处有一个公共图书馆。每逢星期六，西蒙便跑步到图书馆，然后在那里待一整天，饱览群书，傍晚的时候再小跑回家。到了夏天，他常在拂晓时分就起床，然后骑着自行车到半里路远的华盛顿公园。在公园里，他在一棵大柳树上找一个树杈，然后坐在上面看书，直到吃早餐时间才回来。

西蒙上学比其他孩子稍早一些，他初中毕业时年仅12岁，比他同班的大部分同学小两岁左右。他机灵、聪明，在同伴们中间有一定的号召力；功课一直是西蒙的强项，跟他人不同的是，他无须下太多工夫就能取得很好的成绩，也不影响他和朋友们玩耍。他还是学校里有名的“大活动家”，不管是冬天还是夏天，在中学生俱乐部的各个舞台上，都有他的身影出现。他还热衷于辩论社、科学俱乐部、基督徒奋斗会、拉丁俱乐部以及学生会等团体，并且做过大部分社团的主席。此外，西蒙还喜欢运动、野营、旅游等户外活动，每年夏天，西蒙全家有两周的时间到北部林区度假。在度假的过程中，西蒙除了花部分时间进行阅读外，最主要的活动就是到户外去采集昆虫（主要是花甲虫类），他常常带着收集到的昆虫标本跑到离家三里路的博物馆去请教，因而有机会结识一些生物学家，并获得与他们一起工作的机会。在他们的指导下，西蒙发现他已经没有什么叫不出名字的甲虫了。

高中的时候，西蒙尤其喜欢与同学们进行各种辩论，辩论的内容十分广泛，包括自由贸易、国际联盟、减税等等。在辩论赛中，西蒙喜欢坚定地站在那些不被大多数人看好、处于劣势地位的立场上。这种辩论促使他大量地、深入地去阅读多个方面的书籍，掌握足够的论据来驳倒对方。他常常用与众不同的观点进行辩论，有自己的主张和见解。在讨论问题时，他的思维就像成人一样成熟，很少有人能够在逻辑和细心的证据准备上与之匹敌。在辩论过程中，西蒙学会了从彼此相反的观点中看出优劣，并加以利用。

总的来说，西蒙的少年时光是快乐而美好的。17岁中学毕业后，西蒙前往芝加哥大学攻读经济学和政治学，开始投身于社会科学的研究工作中。

自学奇才

在大学里，西蒙对所学的所有功课都感到乐趣无穷，几乎没有他不喜欢的课程。在学习上，他不会轻易地放弃任何一个问题，直到他弄清楚为止。自学仍然是西蒙获取知识和技能的主要途径，常常是研究需要什么，他就自学什么。刚进大学时，西蒙的知识面还是比较狭窄的，让他触动最深的是第一次听英国数学家和哲学家怀特海德（A. N. Whitehead）的学术演讲时，他坐在第一排专心致志地听演讲，但他一句也没有听懂。这让他倍受打击，他下定决心更加广泛地阅读各种书籍，此后这种窘境再也没有出现过。在大学二年级学习微积分时，教授执意让他按时到班上听课，于是他干脆就不去了，此后，他的数学知识基本上都是自学的。他的这种自学能力还表现在语言学习方面，除了在芝加哥大学学过法语外，他还自学过德语、西班牙语等等。到后来，他能用20多种语言（包括中文）阅读专业书籍和报刊，并能用6种语言欣赏文学作品。刚开始西蒙选择的专业是经济学，但是当他知道经济学需要学习会计学知识时，他又转向了政治学，他自认为对会计这门功课既不擅长也不感兴趣。这种奇特的转换使他在后来的研究中横跨了经济学和政治学两个领域，并且游刃有余。

西蒙与象棋

西蒙多才多艺，兴趣广泛，除了喜欢徒步旅行、钢琴及学外语外，他对国际象棋情有独钟，痴迷了一辈子。在西蒙的眼中，国际象棋几乎就等于人类世界的缩影。从象棋里面不仅可以发现人类的思维习惯,更能解读符号语言的奥妙,从而可以通过计算机来模拟人类的行为。

西蒙从高中时就对国际象棋产生了浓厚的兴趣,曾经花了两年时间认真研究国际象棋。在高中毕业时,他的棋艺已经相当不错了。那时,城市的娱乐场所为下棋者提供了方便之门,在那里,西蒙遇到了设计出通用下棋评估系统的阿帕德·埃洛,他的评估系统能够判断出一个棋手处于什么水平——是大师,还是专家,或者仅仅是一个普通的A级棋手。刚开始西蒙始终未能突破A级水平。一天晚上,西蒙和埃洛下棋,同往常一样西蒙输了,可他并不甘心。回家后,西蒙重新分析棋局,通过一步步推理,他终于找到了能击败对手的进攻方法。

此外,西蒙还常常光顾百老汇,在那里,他与失业的象棋大师下棋,通过切磋技艺,西蒙的棋艺大有长进。西蒙曾一心想达到象棋专家水平,可是学术研究与琢磨棋艺不可兼得,只好一直当棋界票友。直到后来西蒙与纽厄尔一起研究国际象棋程序时,他把棋艺同学术研究完美地融为一体。于是,他开始经常在匹兹堡象棋俱乐部下棋,很快,他就成了一名老辣的棋手,在城市锦标赛中获得了1853分,水平提高得相当快,甚至击败了当时匹兹堡市最强的对手。但是,棋艺归棋艺,他始终无法像职业棋手那样把全部的时间都耗上。最后西蒙只好忍痛割爱,放弃了对棋艺的追逐,仅仅保留了一个业余爱好者的本色。

西蒙与中国

西蒙与中国的关系十分密切,他先后来中国访问交流达10次之多。除了他的祖国以外,西蒙在中国呆过的时间是最长的。西蒙首次来华是在1972年,“乒乓外交”使美国和中国的关系有所改善,中国开始与美国进行科技方面的沟通,于是邀请美国的计算机科学家代表团来中国进行交流。西蒙在计算机技术上的造诣,使他顺理成章地成为这个代表团的一名成员。后来中国朋友根据他姓名的谐音,给他起了一个有意思的中

国名字——司马贺。

1983年春，应中国科学院的邀请，西蒙到中国科学院心理研究所进行关于人类短期记忆的合作研究，同时在北京大学开设了关于认知心理学的多个讲座。在历时三个月的精彩讲演中，西蒙系统地阐述了认知科学的基本观点，解释了科学理论的规律，分析了行为选择的满意原则等问题，这次讲演的内容后来整理成书正式出版，即《人类的认知——思维的信息加工理论》。经过多次愉快的合作，西蒙被聘为中国科学院心理研究所名誉研究员。此外，他还是北京大学、西南大学（原西南师范大学）、天津大学、中国科学院管理学院等单位的名誉教授。西蒙在与中国同行交往的二十多年中，结识了许多朋友，他的为人处世和治学态度给中国朋友们留下了深刻的印象。西蒙非常热爱中国，他在自传《我生活的种种模式》中称中国为“我的中国”，称他的中国朋友为良师益友。如今，西蒙教授虽已作古，但他永远是中国人所尊敬的长者。

人工智能

当人类一觉醒来时，发现自己已经做了俘虏，而俘虏自己的竟然是昨天还在为自己服务的机器人！整个世界的历史也在一夜之间被改变，人类的统治者被推翻，不听从命令的人被处决，要想活命就得乖乖地俯首帖耳，人类就这样被自己所创造的机器征服。这是美国科幻电影大片中常常出现的画面，电影大师们借此来表达对人类未来世界的担忧。

人类将被机器征服？真的会发生吗？自从计算机诞生以来，有人就预言，计算机将变得越来越聪明，并终将有一天超越人类的思维，成为世界的新主人。但绝大多数人认为,这只不过是天方夜谭,因为计算机只是在机械地操作人类给它制订的程序,它只是在执行命令,计算机不可能代替人类的思维。

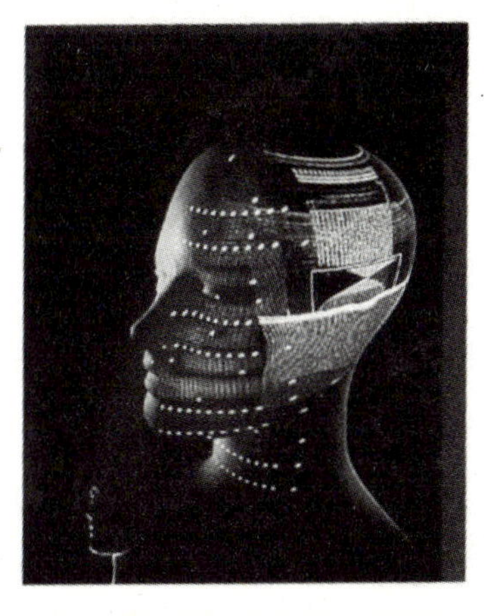

虽然计算机和人类思维存在着很大的不同,但是人们却发现,利用计算机技术可以模拟人类的行为,这就是认知心理学领域兴起的一项新研究——人工智能。在西蒙看来,人的思维过程和计算机运行过程有很大的相似性,都是对符号的系列加工,因此,可以用计算机来模拟人脑的工作。他甚至大胆地预言,人脑能做的事,计算机同样也可以完成。他和纽厄尔(Allen Newell)合作一起开发了一系列开创性的研究成果,“初级知觉和记忆程序(EPAM)”和“通用问题求解系统(GPS)”等人工智能软件的问世,部分证实了西蒙的预言。

WWW 我们能完全理性吗?

1935年到1941年,在对市政管理和市政经济方面的实地考察中和实验研究中,西蒙看到人的行为并不像主观效用期望理论所假定的那样,具有完全的理性。主观效用期望理论假设人都是完全理性的,遵守最优化原则,即人们通常会采取最优的策略,以最小代价取得最大收益。而事实上这几乎是不可能的,人所处的环境十分复杂,在这样的环境中,人不可能做出最优决策。人们常常需要根据一定程度的主观判断,才能进行决策。例如,在伯克利大学进行的一项研究中,西蒙考察了影响人们决定是否买房和商品保险的因素。根据主观效用期望理论,人们做出决定应该以保险费的高低和下雨时房屋被淹没的可能性大小为基础。但西蒙发现，人们实际做出决定主要是以他们以前是否遭受过洪水的灾害，以及是否知道他们的朋友遭受过洪水的灾害为基础的，他们并不注意费用的高低，也不对洪水发生的可能性进行客观的分析。

此外，西蒙还认为经验的决策常常会影响人们的决策。比如，当我们观察他人进行决策时，特别是专家决策的时候，就会发现专家提出的方案并不需要很长的时间，有时他能很快地做出了一个决定。例如，当一位有经验的管理者发现工厂里出现了一些异常的情况，他往往能很快看出问题的性质，并立即做出正确的决定。如果我们问这位管理者："你是怎样做的？你怎么这么快就做出了？"他可能会回答说："我不知道，我只是应用了我的经验和判断。"这种"经验和判断"仿佛具有一种神秘的力量影响着人们的决策。

人物评价

西蒙在众多学科领域都有杰出贡献，心理学家们将他视为一名心理学家，计算机科学家们则把他视为一名计算机科学家，而经济学家们又把他视为一名经济学家。同其他的大师们相比，他看起来貌不惊人、平平淡淡、笑容可掬，是那种典型的书院式学者，他身上没有什么别具一格的传说，也没有能引起轰动效应的绯闻或趣事，只是把著作留给了世界。也许，他与众不同的地方只有一点，就是他对国际象棋的痴迷。

西蒙不仅在学术上精益求精，成就卓著，而且十分注重对实际问题的研究。为了解决问题，他勇于从多学科、多角度作不懈的探索。这种扩展性思维方式告诉我们，解决问题时决不能画地为牢，而要勇于突破既定领域的束缚，从多个角度看待问题，解决问题。

心理学的桥梁——罗洛·梅

罗洛·梅(Rollo May,1909～1994),美国最为著名的存在分析心理学家,被称为“美国存在心理学之父”。同时他也是存在主义与人本主义之间的桥梁人物,在人本主义领域,他是与马斯洛和罗杰斯并驾齐驱的重要代表人物之一。他还是美国存在心理治疗的首创者,这种疗法与来访者中心疗法、格式塔疗法一起,成为人本主义心理治疗领域最为重要的三种方法。他先后曾获得十多个名誉博士学位和多种奖励,两次获得克里斯托弗奖章,以及美国心理学会颁发的临床心理学科学和职业杰出贡献奖以及美国心理学基金会颁发的心理学终身成就奖章。

成长经历

不幸的童年

罗洛·梅于1909年4月21日生于美国俄亥俄州的艾达镇。他父亲是基督教青年会秘书。他的父母没有受过良好的教育，对他们也不关心。他的母亲经常离家出走，不照顾孩子。母亲不仅对待他们冷漠，和父亲的关系更是糟糕，总是和父亲吵架，在把家里的东西破坏一通之后，又会迁怒于他们，大声呵斥他们，打骂他们。根据罗洛·梅的回忆，母亲就像是“到处咬人的疯狗”，最终父母之间到了无可挽回的地步，离婚了。在这之后，罗洛·梅的姐姐患上了精神疾病。离婚后，父亲更加不关注他们的成长，反倒认为女儿生病就是因为受教育太多。罗洛·梅从小就生活在这样的环境里。

由于父亲是基督教青年会的秘书，因而全家总是搬来搬去。罗洛·梅称自己总是“圈子中的新成员”，所以他早早就习惯了适应。作为家中的长子，罗洛·梅承担起家庭的重担，照顾生病的姐姐和年幼的弟弟妹妹。不过他并没有抱怨命运的不公平，反而安慰自己这是命运对他的考验，他总是勇敢地接受一切，并尽心尽力照顾好家人。

他幼年最美好的记忆是离家不远的圣克莱尔河，他称这条河是自己“纯洁的、深切的、超凡的和美丽的朋友”。这是他童年记忆里，唯一有色彩的部分，也是他受伤的心灵唯一的慰藉。在这里，他夏天游泳，冬天滑冰，或是坐在岸边，看顺流而下运矿石的大船。只有这些时候，他才觉得轻松快乐，能像个孩子一样无忧无虑。

在学术道路上迂回

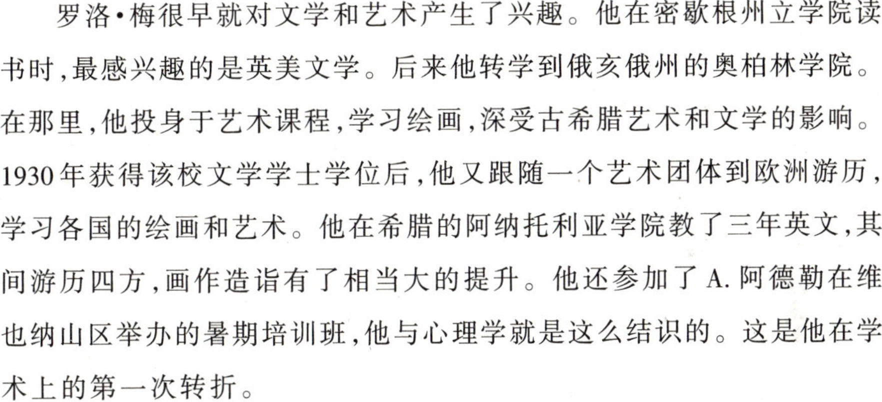

罗洛·梅很早就对文学和艺术产生了兴趣。他在密歇根州立学院读书时，最感兴趣的是英美文学。后来他转学到俄亥俄州的奥柏林学院。在那里，他投身于艺术课程，学习绘画，深受古希腊艺术和文学的影响。1930年获得该校文学学士学位后，他又跟随一个艺术团体到欧洲游历，学习各国的绘画和艺术。他在希腊的阿纳托利亚学院教了三年英文，其间游历四方，画作造诣有了相当大的提升。他还参加了A.阿德勒在维也纳山区举办的暑期培训班，他与心理学就是这么结识的。这是他在学术上的第一次转折。

1934年至1936年，罗洛·梅开始从事心理学研究。他在密歇根州立学院担任学生心理咨询员，并编辑一本学生杂志。但他不安心于这份工作，希望得到进一步的深造。于是他到哥伦比亚大学学习心理学，可是去了之后罗洛·梅失望了。他发现哥伦比亚大学讲授的全是行为主义的观点，这与自己感兴趣的“人性”观全然不符。最终，他去了纽约联合神学院学习神学。这是他在学术上的第二次转折。

在联合神学院，罗洛·梅结识了被他称为“朋友、导师、精神之父”的保罗·蒂利希。罗洛·梅的许多学术思想都源于这位老师。蒂利希对罗洛·梅倾囊相授。这是罗洛·梅第一次了解并系统地学习存在主义哲学，

罗氏存在主义的大门便从此打开。为了纪念这位恩师，罗洛·梅曾为其写过多部著作。1938年，他获得神学学士学位，从纽约联合神学院毕业。毕业之后，罗洛·梅被任命为公理会牧师，在新泽西州的蒙特克莱尔做了两年牧师。

渐渐地，罗洛·梅又觉得这个职业同样不适合他。他喜欢哲学，哲学就像艺术一样，光彩夺目；又像谜一样，谜底解开之前让人心痒，谜底解开之后，让人心醉。由于哲学和心理学是相通的，所以罗洛·梅在此做了一个迂回，又回到了心理学领域，进入纽约著名的怀特精神病学、心理学和精神分析研究院学习精神分析。

因祸得福

通过在怀特研究院的学习，罗洛·梅于1946年成为一名执业心理治疗师。在这之前，他经历了人生的一大难关——生死考验。1942年，他感染了肺结核。

最初他认为自己只是发烧，并没有很在意，可是高烧一直不退，症状也越来越多，越来越明显。他吃不下东西，心悸，乏力。接着咳嗽越来越严重，还出现盗汗等症状。当得知是肺结核的时候，不只是他，所有认识他的人都吓坏了。他回忆说："那个时候我患上了肺结核，十多年内我生活在动荡不安之中，仿佛再没有明天的感觉。"在当时，治疗肺结核的药物还没有完全开发成功，因此身患肺结核也就意味着身患无药可治的绝症。而且肺结核还是一种慢性传染病，传播途径也很多。为了不传染给别人，罗洛·梅不让别人来照料自己，只一个人咬牙跟病痛斗争。严重的时候，他还会咯血、胸痛、呼吸困难，几次都到了死亡的边缘。但有时候，病痛会是一种上天的赐福，使人得以重新发现生命的价值。生活的挫折，可能会引发伟大的思想。谁也无法知道，自然看似错乱无序的变化中会隐藏着什么样的结果。在漫长的等待和斗争中，罗洛·梅切身体验到了什么叫做孤独和焦虑，在面临死亡时，罗洛·梅切身体验到自己的存在。结合自己的深刻体验，他仔细阅读了弗洛伊德的《焦虑的问题》、克尔凯郭尔的《焦虑的概念》以及叔本华、尼采等人的著作，并且被克尔凯郭尔的话深深打动，因为它触及了焦虑的最深层结构，即人类存在的本体论问题。

经过在疗养院里三年的治疗与修养，罗洛·梅康复了。出院后，罗洛·梅在蒂利希的指导下，以其亲身体验和内心感悟写出博士学位论文《焦虑的意义》，并以优异的成绩获得了哥伦比亚大学授予的第一个临床心理学博士学位。《焦虑的意义》成为他最有影响的著作之一。博士学位论文的完成，也宣告罗洛·梅的思想正式形成。

我反对，我反对

罗洛·梅不只是一位书斋式的心理学家，他还是一位积极的运动者。他的思想总是如火一样热烈。他密切关注现代社会中人的种种问题，而且十分激进，从不顾忌后果，总是勇敢地喊出自己的心声。这一点，从他大学时期就表露无遗。

他在密歇根大学就读时，他与几个志趣相投的朋友，共同主编了一本学生杂志。但是这一杂志的出版严重威胁到了学校的声誉，所以他被学校勒令退学。他转学到了俄亥俄州的奥柏林学院。

20世纪50年代中期，罗洛·梅积极参与纽约州立法，反对美国医学会试图把心理治疗作为医学的一个专业，更加反对“只有医学会的会员才能具有从业资格”的做法。在60年代后期和70年代早期，罗洛·梅又投身反对越南战争、反核战争、反种族歧视运动以及妇女自由运动，批评美国文化中欺骗性的自由与权力观点，批判美国主流文化严重忽视人的生命潜能的倾向。

不只是对“外人”，对“自己人”他也从不口下留情。他是存在主义的

代表，但也支持人本主义，所以他才成为了两个学派的桥梁人物。他积极参与了人本主义心理学运动，并与罗杰斯和格林合著了《美国政治与人本主义心理学》，还与罗杰斯、马斯洛合著了《政治与纯真：人本主义的争论》。不过，他还是改不了他的性格，眼里容不得一点沙子，就连他亲密的合作伙伴也要攻击一番。他与罗杰斯进行了激烈的辩论，他反对罗杰斯的性善论，认为人性应该是善恶兼有的。他这么做不是为了攻击或损害罗杰斯，而是为了推动人本主义心理学的健康发展。

到了70年代后期和80年代，罗洛·梅才慢慢地变得温和起来，但是这个温和的存在主义者还是改不掉自己的"老毛病"，他又提出反对极端的主观性和否定任何客观性。他虽然坚持人性中有恶的一面，但是他不允许别人篡改他的思想，把人看成全是恶的。

学术成就

选择适合自己的

"自由"是罗洛·梅的思想的核心概念之一，他与其他人本主义心理学家一样，强调自由意志。梅认为，人和其他生物不同，其他生物是靠自然条件成长的，人却是靠自己的选择才能成其为人。一粒橡树种子一旦落地生根，只要生长环境适当，它就自然会长成一棵橡树。人的成长却并非如此，人成为一个什么样的人，不是靠自然条件，而是靠自己的选择。个人只有根据自己的条件，自由地做出选择，才能让潜能充分发挥出来。正因如此，在人的世界中，即使环境相似，人也是千差万别。所以只有选择得当，才能尽如人意。

我们每个人都有很多缺点，但这并不意味着我们就是生活中的弱者。古人说得好："骏马能历险，犁田不如牛；坚车能载重，渡河不如舟。"所以梅说，只要找到自己的位置，也就能找到"人之所以存在"的意义。不过，在这之前，他必须领悟到自由选择和勇于负责两者间的必然关系。自由意味着人可以选择自己的人生道路，正是因为自由，个体必须要有勇气，因为做任何事情，在结果尚未出现之前都要承担一定的风险。也正是因为个体是自由的，他也必须为自己的选择负责。责任感是一个人心理成熟的基础，一个只有自由而没有责任感的人，其实对自己行为的意义并不清楚，对自己和周围的人也不会有好的影响。

焦虑：让人欢喜让人忧

罗洛·梅思想形成的标志是《焦虑的意义》的完成。"焦虑"是罗洛·梅思想的又一核心概念。在罗洛·梅看来，焦虑是指当个体的存在或价值受到威胁时所产生的痛苦的情绪体验。罗洛·梅认为，每个人都不可避免地会产生焦虑体验。这是因为人有自由选择的能力，并需要为选择的结果承担责任。罗洛·梅区分出了两种焦虑：正常焦虑和不正常焦虑。正常焦虑是人成长的一部分，这种焦虑能促使人们积极地行动，未雨绸缪，从而更好地生活。而不正常的焦虑就是人在面临选择时，因过分担心选择后可能带来失败的结果而犹豫不决，表现出过分紧张，此时个体所想的不是解决问题，而是畏惧问题，致使自己发挥失常，更严重的时候就只能消极地等待厄运的到来。

让人喜的焦虑

草原上住着一群蚂蚁。冬天快到了，蚂蚁一家担心没有食物过冬，所以全家齐心协力，寻找食物。他们先是准备干草，把自己的家装修得

又软又保暖，接着又准备水，把水槽灌得满满的，又准备了一仓一仓的食物。全家人忙得不亦乐乎，他们终于可以不为冬天而发愁了。他们的邻居是一群蝗虫，整日悠闲自在，奏乐跳舞，玩得也是不亦乐乎。看见蚂蚁一家如此忙忙碌碌，蝗虫对蚂蚁说："老弟，冬天还早着呢，趁着这秋高气爽的好天气，为什么不好好享受一番，何苦这么折腾自己，看把孩子们累得个个细胳膊小腿的。"蚂蚁回答道："不行啊，蝗虫大哥，这么一大家子，不多准备点，怎么能安心过冬呢。再过些日子，牧民们迁徙了，就更没有东西可吃了。"冬天来了，草原上萧条一片，阵阵狂风呼啸而过。蝗虫一家又饿又冷，把自己藏在草根下面。最后他们还是没能挺住，一个个都被冻死，被风吹得不见踪影了。而这时，蚂蚁一家，吃着香甜的食物，悠闲地唱着跳着，舒舒服服地过了一冬。

让人忧的焦虑

萨哈里大沙漠里住着两只沙鼠，每当旱季到来之前，沙鼠都要囤积大量草根，远远超过自己的食量。后来，两只沙鼠不幸被人类抓去了，当成宠物饲养起来。这下沙鼠们可算是过上了丰衣足食的生活了。但是这对两只沙鼠来说，却是大大的不幸。很快，两只沙鼠在笼子里死去了。人们不明白，为什么在这么优越的条件下，饿不着渴不着，怎么还会死掉呢？难道生病了？后来医生告诉人们，沙鼠确实生病了，不过是心病。因为沙鼠习惯了囤积很多的粮食，当看到笼子里没有食物时，他们就特别担心会不会被饿死，因此而焦虑万分，它们是因为极度的焦虑而死亡的。

这就像我们现代人的生活。在现实的生活里，常让人们深感不安的事情，并不是眼前的事情，而是那些还没有到来或永远不会到来的事情。

创造的勇气

罗洛·梅一生著述丰富，每一部著作都渗透着他独具特色的思想观点，尤其是《创造的勇气》对后人产生了深刻的影响。在该书中他提到，人性有好有坏，有长处也有缺点，这些特质并不能决定人生的发展，人只有通过创造性的活动，才能表现和确定自己的存在，确定存在的意义。

古希腊的亚里士多德认为，物体下落的快慢是不一样的。它的下落速度和它的重量成正比，物体越重，下落的速度越快。比如说，10千克重的物体，下落的速度要比1千克重的物体快10倍。

人们一直把这个违背自然规律的学说当成不可怀疑的真理。年轻的伽利略根据自己的经验推理，大胆地对亚里士多德的学说提出了疑问。经过深思熟虑，他决定亲自动手做一次实验。

他选择了比萨斜塔作实验场。这一天，他带了两个大小一样但重量不等的铁球，一个重10磅，是实心的；另一个重1磅，是空心的。伽利略站在比萨斜塔上面，望着塔下。塔下面站满了前来观看的人，大家议论纷纷。有人讽刺说："这个小伙子的神经一定是有病了！亚里士多德的理论不会有错的！"实验开始了，伽利略两手各拿一个铁球，大声喊道："下面的人们，你们看清楚，铁球就要落下去了。"说完，他把两手同时张开。人们看到，两个铁球平行下落，几乎同时落到了地面上。所有的人都目瞪口呆了。

伽利略的实验，揭开了落体运动的秘密，推翻了亚里士多德的学说。这个实验在物理学的发展史上具有划时代的重要意义。

不管任何领域，只要我们参与创造，就会感受到一种深刻的喜悦，而且，无论我们所创造的东西多么微不足道，这里面都蕴涵着创造的勇气。在创造的过程中，我们也许有些焦虑与恐惧，然而，基于强烈探知真理、追求完美、到达新世界的渴望，我们会忘记周围的一切，无所畏惧。创造之路就是全力以赴！

人物评价

美国人本主义第一任主席布根塔尔曾说:"梅是一位神话般和富有献身精神的人,他探讨了我们的艺术和心理科学的领域,并将爱、自由、意志和勇气从遥远的高空中拉近到我们的生活,他第一个告诉我们,自由要建立在责任之上。他不仅揭示了现代人的生存困境,也建设性地提出了问题的解决之道。他留给世人的不是简易的行动指南,而是丰富的精神资源,需要我们慢慢地消化和吸收,找到自己的位置,并能勇敢地担当,积极地行动,重塑自己的未来。"

实用主义者——詹姆斯

威廉·詹姆斯(William James,1842～1910),美国心理学之父,实用主义的创始人和代表人物之一,美国本土第一位哲学家,他开创了真正意义上的美国哲学,影响了欧美几代哲学家。他的理论带有浓厚的实用主义色彩,因此被称为实用主义心理学,他从进化的观点看到了意识的功能,认为意识是因为对人类适应环境有极大作用才进化至今,意识是人们适应环境的工具。他的实用主义思想对美国机能主义心理学以及后来美国心理学的发展方向,乃至世界心理学的发展都产生了重要的影响。

优越的早年教育

1842年，詹姆斯出生于美国纽约市。他的父亲是一个大富豪，知识渊博，并且非常重视对子女的教育，母亲是一个贤惠善良的家庭主妇，家庭幸福美满。老詹姆斯常常带着孩子们去各地旅游，拓宽他们的视野，同时他十分尊重孩子的想法，并鼓励他们进行独立思考。优越的家庭条件使詹姆斯能够进美国最好的私立学校接受教育，但是后来老詹姆斯认为美国的教育比不上欧洲，因此决定送詹姆斯到欧洲求学。

欧洲有许多古老而有名的学校，学习氛围浓厚。在欧洲学习期间，詹姆斯利用自己的空闲时间去各地旅行，先后到过瑞士、法国、德国和英国等多个国家。同时，他自学了多门语言，以至于他能够用流利的法语、德语、意大利语和英语等同欧洲人交流。喜欢艺术的詹姆斯选择了绘画专业，但是他的父亲却极力反对他学习绘画，认为他若以画画为职业将会很没有前途，并强迫他放弃这个专业，但詹姆斯全然不顾家人的反对，他坚信兴趣就是最好的老师，只要他用心去学习，就必然能有所成就。然而上天并没有眷顾他美好的愿望，他的视力出现了问题，这迫使他不得不放弃绘画。

当他返回美国后，他进入了哈佛大学劳伦斯科学院，选择了化学和解剖学专业。除了学习常规的课程如物理、化学、生物学和生理学外，詹姆斯还广泛涉猎文学、历史、科学、哲学等多个领域。在此期间，哈佛法学院著名的生物学家、进化论的反对者阿加西斯邀请詹姆斯参加巴西亚马逊河的动物学调查，因此他中断了学业，随探险队出征。探险过程中，每天要对各种生物进行收集和分类，使詹姆斯很快失去了兴趣，加上中途患上了一种热带病，造成身体上的不适，于是他离开了探险队，返回哈佛大学继续他的学业。在患病过程中，詹姆斯接触到了雷诺维叶的哲学著作。雷诺维叶是康德的学生，他强调人的意志的作用，认为意志能够重塑一个人的身心，改变人的生活道路。这一点对詹姆斯造成了极大的影响，他不仅以顽强的意志战胜了疾病，而且促使他在后来的心理学道路上进行不懈的追求和努力。

无师自通的学徒

1872年，詹姆斯获得哈佛大学医学博士学位，之后留校担任生理学和解剖学讲师，年薪才600美元。由于他讲授的生理学与心理学有密切的关系，慢慢地他开始转向了心理学研究。从某种意义上来说，詹姆斯在心理学方面是无师自通的。虽然他在德国时曾听过冯特的一些课，但是他对冯特的心理学一点也不感兴趣。他曾经说过，他所听到的第一节心理学课是他自己讲给自己听的。为了让学生观察他讲课中所谈到的一些实验，他建立了一个小型的实验室，这个实验室比冯特的莱比锡大学心理学实验室还早4年。在教学的过程中，詹姆斯计划出版一本心理学教材，于是他与出版商签订了一个合同。詹姆斯本以为两年就可以完成，谁知他精益求精，一写就是12年，这本书一经面世，立即成了美国最畅销的著作，并被翻译成多个国家的语言。该书博大精深、文笔流畅，深受学生的喜爱，许多心理学家就是因为读了这本书而选择心理学为终身事业。这本书就是《心理学原理》。虽然它的酝酿期很漫长，但成功却仿佛是瞬间而成的。这本书的成功使詹姆斯声名远扬。

詹姆斯一生的心理学专著并不多，除了《心理学原理》外，还有《心理学简编》和其他一些论文，但詹姆斯的著述观点新颖、文笔流畅、笔锋

犀利，吸引了大批读者。学者们纷纷称赞詹姆斯的《心理学原理》是心理学发展史上最成功的书籍，而他的《心理学简编》则作为美国各个大学的心理学教科书，并使用了许多年。这本书的影响远不止于此，当詹姆斯的思想被传播到欧洲时，这本书成了心理学系学生们的必读之书。当他再次来到欧洲时，他已经成了一名最受欢迎的心理学家。

本能和习惯的力量

为什么小鸟一根草一根草、一口泥一口泥，不厌其烦地筑巢生蛋？为什么人喜欢睡在柔软的床垫上，而不喜欢睡在坚硬的地板上？为什么母亲把孩子看得那么重要，以至于世界上的其他一切都显得不重要了？在詹姆斯看来，这些都是本能的力量在起作用，而动物和人的行为中有很大一部分是由本能的力量决定的。

詹姆斯认为，在我们的一生发展中，经过经验的作用，可以发展出一种类似于本能的行为模式。这种行为模式就像本能一样不须任何意志的努力，自然而然，轻而易举，这就是我们常说的习惯。我们大部分人的生活都是按照习惯来进行的，比如我们穿衣和问候的方式、去上班和工作的方式、吃饭和睡觉的方式等等，这些习惯能够使我们的行为既精确又省力，减少了集中注意力而带来的精神疲劳。习惯就像内燃机中的飞轮，它能够使操作变得顺利，并使发动机一直转动。

如果说我们知道了行为在很大程度上是受习惯控制的，那么，一旦心理学家们理解了习惯是怎样形成和维持的，他们就可以用这方面的知识去训练人们形成好的习惯，摆脱贫困、消灭战争、消除饥饿和瘟疫，去建设一个更加美好的世界。

为了形成新的好习惯，摆脱旧的坏习惯，詹姆斯给人们提出了5条建议：①选择环境，把自己置于那种能鼓励自己进步、向上的环境条件，而避开使自己堕落、退步的环境条件。②如果你打算确立一种好的习惯，你就不要允许自己做任何违背意愿的行为，哪怕这种行为是微不足道的。

③不要指望慢慢地形成一种好习惯和摆脱一种坏习惯，做任何事都要完全彻底、干净利落、不拖泥带水。④不能沉溺于形成好习惯、摆脱坏习惯的空想之中，重要的是要开始做。没有什么比在空想和感伤中浪费生命更让人痛心了。⑤强迫你自己以有利于形成好习惯的方式行为，即使在开始时令人痛苦和不舒服。这就是劝告我们一定要积极主动地去养成新的习惯，如果有可能，我们应该将活动列入计划表，并且尽量减少旧习惯出现的机会，增加新习惯出现的次数。

因为笑所以开心

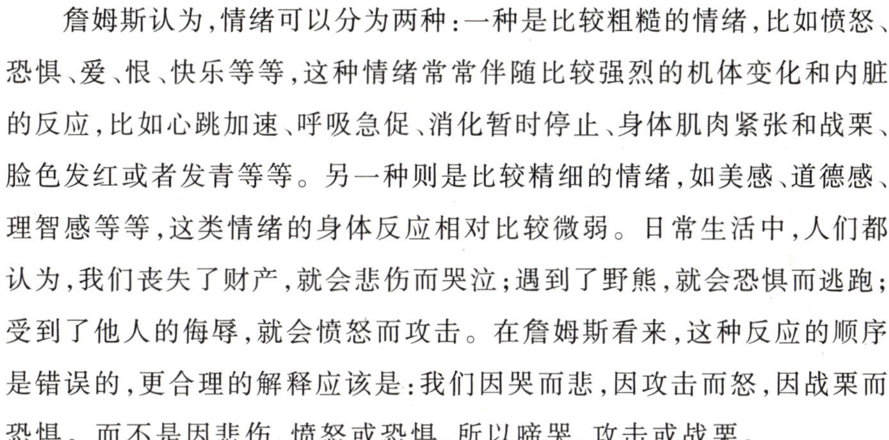

詹姆斯认为，情绪可以分为两种：一种是比较粗糙的情绪，比如愤怒、恐惧、爱、恨、快乐等等，这种情绪常常伴随比较强烈的机体变化和内脏的反应，比如心跳加速、呼吸急促、消化暂时停止、身体肌肉紧张和战栗、脸色发红或者发青等等。另一种则是比较精细的情绪，如美感、道德感、理智感等等，这类情绪的身体反应相对比较微弱。日常生活中，人们都认为，我们丧失了财产，就会悲伤而哭泣；遇到了野熊，就会恐惧而逃跑；受到了他人的侮辱，就会愤怒而攻击。在詹姆斯看来，这种反应的顺序是错误的，更合理的解释应该是：我们因哭而悲，因攻击而怒，因战栗而恐惧。而不是因悲伤、愤怒或恐惧，所以啼哭、攻击或战栗。

在许多年里，詹姆斯的这一学说一直被人们广为接受。他把情绪归结为身体变化的机体感觉，事实上，真的是这样吗？有一位叫做布拉茨的心理学家做了一项在今天看来很不可思议的实验。这个实验很好地验证了詹姆斯提出的情绪理论。实验是这样进行的：每个志愿者都被蒙上了双眼，并被绑在一把椅子上，用电线接上可监测脉搏、呼吸和皮肤感应电系数的仪器，而后让他们独自一人待上15分钟。在此期间，什么事情也没有发生。第二次、第三次也是如此。在这一时间段内，有一些志

愿者甚至睡着了。但在第四次的某个时候，布拉茨按动了一个开关，使椅子突然向后倒下，直到倾斜60度时才被专门安放在椅子后面的机关给挡住。结果，志愿者均表现出突然的快速和不规则的心跳，同时皮肤点感应出电流。所有人在报告中都声称，他们体验到了惊恐和害怕的感觉。

但是身体的变化及其所引起的机体感觉真的是情绪的根源吗？著名的生理学家谢灵敦就曾对詹姆斯的情绪论做过检验。他给一头富有情绪反应的狗做了一个手术，用手术切断了狗的一些脑神经，使它得不到任何内部的感觉，但是狗的情绪反应并没有因此而有任何明显的变化。人类的病理观察中也有相同的情况。有一位中年妇女从马上跌下来，跌断了颈骨和脊髓，其脑部到胸部和四肢的感觉神经和运动神经都被阻断了，在完全和脑失去联系的情况下，病者的胸部和四肢的一切感觉都不复存在了。如果按照詹姆斯的理论推断，这个病人的一切情绪体验都应该没有了，而事实上，病者在失事之后，仍然有忧伤、快乐、愤怒和友爱等情绪表示。这些事例都是詹姆斯的情绪理论所不能解释的，也就是说詹姆斯的理论被事实推翻了。

在情绪研究方面虽然詹姆斯失败了，但也正是詹姆斯的大胆论断，才激发了人们探索情绪的热情，让原本未知的情绪逐渐被人们熟知。

人物评价

詹姆斯在美国心理学的发展中占据着独一无二的地位，他的思想中包含了机能心理学的种子和萌芽，在他的思想引导下，美国的应用心理学得到了迅速的发展。当他创作的《心理学原理》出版后，有人把他看做新世界（指美洲新大陆）的心理学教皇，而把冯特看做旧世界（传统欧洲）的心理学教皇，可见詹姆斯在心理学中的重要地位。同时他还积极地倡导将心理学的知识大量应用于社会生活中，使人们真正体验到心理学带来的有益成果。这种造福人类的伟大精神永远值得我们学习。

最爱行动的心理学家——华生

华生(John Broadus Waston, 1987~1958),美国心理学家,行为主义心理学派的创始人。他主张心理学应该研究可以观察到的行为,而不是看不见摸不到的精神。他不仅消除了传统心理学的主观性,还丰富了心理学的研究方法。他提出了刺激—反应理论,否认遗传和本能的作用,主张教育万能论及环境决定论,这一理论影响了美国长达30年之久。1915年,他当选为美国心理学会主席。1957年,美国心理学会授予了华生金质奖章。他领导的行为主义也作为心理学的第一大流派,主导了心理学界半个多世纪。

成长经历

曲折的童年

1878年1月9日，华生出生在美国南卡罗莱纳州的格林维尔小镇上。他的父亲是一个小农场主，有着精湛的木匠手艺。母亲是一名虔诚的基督教教徒，勤恳耐劳且精力充沛。华生出生时正值美国内战，战乱使他们家的小农场生意并不景气，全家陷入了贫困的境地。

华生从小就是一个非常聪明的孩子，有着叛逆的性格，从不顺从别人。这种刚烈的性格在他后来的人生道路上表现得更加强烈。在华生6岁的时候，母亲把他送到一个教会学校去学习。活泼好动的华生一点都不喜欢学校里枯燥无味的教化，他最期待的是和小伙伴们跑到乡下去玩。每到星期日，老师便带领他们穿行在田野和树林间，采集各种标本，呼吸着清新的空气，沉浸在大自然的美妙中。他们还一起去骑马射箭、饲养动物等，其乐无穷。华生特别喜欢小动物，他曾经幻想过自己将来要挣好多钱，然后买一个大农场，在农场里饲养各种动物。童年的生活给华生带来了许多快乐。

然而，不幸的事情发生了。有一天，他深爱的父亲突然离家出走了，这给年幼的华生造成了极大的心灵创伤。因为他十分敬爱自己的父亲，从小就立志要做一名手艺精湛的木匠，他多么希望父亲能教给他更多木匠的技能！可是所有的梦想都因父亲的不辞而别而破灭了。尽管内心十分痛苦，但他坚强地承受了这一切。从此他开始变得懂事起来，并发奋图强，在完成教会的学习后，他做出了一个惊人的决定——他要上大学！这在他的家族中史无前例。经过多番周折，华生终于走进了格林维尔的福尔曼大学。在大学里面，由于不是出身望族，家境贫穷，也没有亲密的朋友，华生常常遭到其他同学的嘲笑。不过这些都无法打倒坚强的华生，他广泛选修了各门课程，如饥似渴地汲取知识，接受各种学识渊博的人的熏陶。

在第二学年时，华生选修了哲学课程，教哲学课的是摩尔教授。摩尔性格有些古怪，但很有学问、思维敏捷、风趣幽默，华生十分喜欢这位老师。摩尔也十分欣赏这个勤奋好学的学生，他们经常在一起讨论各种问题，从古到今，从天文到地理，从动物到人类等等，在摩尔身上，华生学到了许多有益的东西。后来摩尔开设了《心理学基础知识》一课，华生选学了这门课，这使他第一次踏入心理学的神奇世界里，他被摩尔生动有趣的讲课风格完全吸引住了，从此打开了他对心理学的兴趣之门。

作为一名野心勃勃的青年，华生希望大学毕业后能够继续深造，于是他离开了生活多年的格林维尔，离开了教堂，怀揣着梦想，毅然决然地踏上了求学之路。

艰辛求学路

华生只身来到了芝加哥，当时他的身上只有50美元。他不知道自己将要面对的是怎样的生活。或许谁也不会想到，八年后的他会成为名扬全美的一名动物心理学家。

最初的50美元很快就花光了，为了挣钱，他只得拼命地干活，去做

很多的兼职。按当时的生活水平，他每周至少得挣6美金才能维持一周的生计。在学生公寓做门卫每周可得2.5美金，打扫实验室每周可得1美金，帮教授饲养白鼠可得2美金，此外，他还需要做其他的一些临时工。生活虽然很艰辛，却丝毫没有影响他的远大抱负，他将自己所有的精力都集中在了工作和学业上。他对自己的工作和实验几乎到了痴狂的状态，夜以继日地在实验室里工作，亲手设计制作各种实验仪器，整日与老鼠为伍，不停地观察、做记录，就连周末都没有休息。身体上的过度劳累和精神上的高度紧张都敌不过他对梦想的执著。

功夫不负有心人，华生的不懈努力终于有了回报。他的研究范围不断扩大，从心理学到神经学，从小白鼠到猴子，从感觉剥夺实验到迷津实验，在此期间他独到的学术观点也在悄然萌生。另外，他领导的研究团队也成果迭出：邓普拉的听觉实验、厄尔瑞屈的老鼠学习效率实验、他和玛丽的雏鸡视觉辨别实验、耶科斯的颜色视觉实验以及拉托里的猴子行为实验等等。这些实验不仅使他在心理学界的地位与日俱增，并且更加坚定了他的信念。虽然他的一些思想与他一直敬佩的恩师安吉尔、铁钦纳等相违背，但是“吾爱吾师，吾更爱真理”，最后华生还是勇敢地提出了自己的观点。1913年，华生将其心血浓缩为一篇《行为主义者眼里的心理学》，宣告行为主义的诞生。经历了十多年的奋斗，华生当仁不让成为了行为主义学派的掌门，并引发了心理学界的一次大革命。就连他自己也不曾想到，会有那么一天，他也能在心理学界翻云覆雨。

投身于商业

就在华生的事业蒸蒸日上的时候，命运又与他开了个玩笑。一桩轰动一时的离婚案迫使他辞去了大学教授的职务，并且背上了沉重的债务，他的人生道路再次陷入了低谷。

然而，任凭风吹雨打也压不倒华生的顽强斗志，他很快就振作起来了。经朋友介绍，华生进了一家广告公司。用华生自己的话说"我是一个从校门到校门过来的人，对大学之外的生活非常陌生"，这样一份工作对华生来说无疑是一个巨大的挑战。更重要的是，从一个被人尊敬的学者，变身为一个要对别人低头哈腰的推销员，这确实需要极大的勇气。不过，半生的磨砺已经让华生变得坚韧而从容了。他从头开始学起，从学习打字到媒体联络员，从柜台售货员到户外推销员，华生都兢兢业业，踏实肯干。之后的一个广告策划，更是让"华生"这个名字成了业内的招牌。

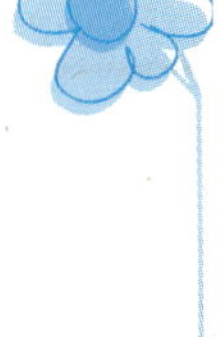

为了考验华生，公司给华生安排了一个牙膏的广告。接到广告后，华生先让公司里的同事试用，了解大家对这款牙膏的态度，又请来了生理学家对牙膏进行改进。接下来，他选择了广播的宣传方式，更是充分利用了自己"心理学教授"的身份。想想一名曾经声名鹊起的心理学家亲临广播现场，告诉人们爱护牙齿的重要性，说服力自然是毋庸置疑的。在现场，华生告诉大家保护牙齿的重要性以及如何保护牙齿。整个广播只有十分钟，在这十分钟里，华生一次也没有提到这款牙膏，但是所讲的每句话却都是针对这款牙膏。更重要的，他还抓住了家庭妇女们注重家人健康的心理进行诱导，使得这款牙膏的销量一路上涨。由此，我们不得不佩服这位心理学家的睿智。

之后他又开发了诸如麦斯威尔罐装咖啡、旁氏冷霜卸装膏、强生婴儿爽身粉及Odorono除臭剂等产品的广告，并于1924年成为这家广告公司的四个总裁之一，年薪是他在大学里的十多倍。在他从事广告宣传的几年里，时刻不忘将心理学的知识应用于商业上。他发现"新产品的销售曲线的增长与动物或人的学习曲线的增长有惊人的相似之处"，利用这一点，华生为公司赢得了相当大的利润，并在很大程度上改变了美国广告业的性质。1924年，华生被任命为汤普生公司的副总经理，事业上的成功给他本人带来了丰厚的收入，1930年，他的年薪上升为70000美元，这是一个神话般的数字，它相当于整个广告公司员工工资的五十分之一。

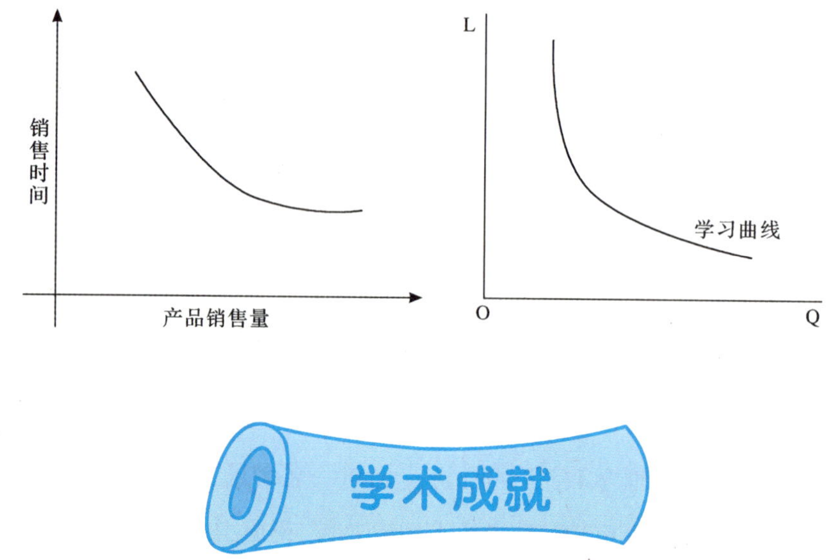

学术成就

恨屋及乌

上二年级的乐乐放学回到家后，无限委屈地告诉妈妈，他在学校被老师罚站了，并扬言：再也不上学了！乐乐是一个聪明活泼的孩子，很容易就跟周围的同学打成一片。上次因为在课堂上说话被老师点名批评，回家后大哭了一场，这一次又因为在语文课上折纸被罚站而萌生了不想上学的念头。其实乐乐非常喜欢和学校里的朋友们玩，也喜欢经常表扬他的数学老师，可是因为对个别老师的行为不满而引发了他对学校生活的逃避和厌恶，这是一种不合情理的情感迁移，对孩子的成长非常不利。这背后到底隐藏着怎样的心理原因呢？我们一起来看看华生的一个经典实验——恐惧实验。

11个月大的小艾尔波特是个健康、活泼的孩子，当他看到眼前的小白鼠、狗、面具时，总是好奇地伸出手想摸摸它们：和其他婴儿一样，小艾尔波特也害怕突然响起的巨大声音，当有巨大的声音突然出现时，他会因为惊吓而大哭。有一次，小艾尔波特正要伸手触摸眼前的小白鼠时，一声巨响突如其来，小艾尔波特非常惊恐，一天内，这种事情发生了3次，每次小艾尔波特想要触摸小白鼠，可怕的声音就会响起。一周后，同样可怕的事情又发生了4次。这时小艾尔波特对小白鼠产生了极大的恐惧，一看到白鼠，他就会号啕大哭，并且飞快地转身，爬向远离白鼠的地方。这件事情的后果还不仅如此，又过了一周，小艾尔波特对白鼠依然感到恐惧，即使把眼前的白鼠换成了白兔或者狗，甚至白色的面具，小艾尔波特仍然不肯再去触摸它们，并尽可能远离这些东西。

实验中，我们看到小艾尔波特听到突如其来的巨响会害怕，而且这种害怕的体验每次出现时都伴随着其他的事物——小白鼠。于是小白鼠就在小艾尔波特的脑中与恐惧建立起了固定的联系。事实上，小艾尔波特天生并不害怕白鼠，但是可怕的巨响总是会和白鼠同时出现，导致了小艾尔波特对白鼠的恐惧。同样，其他的情绪如愤怒、愉快、伤心、厌恶等，都可以用同样的方式习得。

当知道了不良情绪产生的原因后，我们又该怎样去消除这种不良的情绪呢？在行为主义的学习心理学中，心理学家们管这一个过程叫做“消退”。华生是这样帮助小艾尔波特进行恐惧的“消退”的：

每天吃午饭的时候，华生都让小艾尔波特坐在椅子上，让他的助手给小艾尔波特喂饭。第一天的实验是，当小艾尔波特吃午饭的时候，将一个装有小兔子的大网眼的铁笼子放到距离餐桌很远的位置，让他能够看见，但是不会打扰到他吃饭。这个位置则标记为1。第二天，将笼子慢慢往前移动，靠近小艾尔波特一些。小艾尔波特没有反应。于是华生

把笼子又往前挪了一些。这时小艾尔波特开始有些不安，吃饭的时候，时不时地抬头看看小兔子。这个位置标记为2。第三天，小兔子仍然被放在位置2的地方。华生跟小艾尔波特讲兔子在笼子里出不来，不会伤害到他，小艾尔波特也就安稳地吃饭了。从第四天起，每天把笼子靠近波特一些，并标记上笼子的位置。再后来，华生把兔子从笼子里放出来，鼓励小艾尔波特试着摸摸小兔子。到了最后，小艾尔波特不但不害怕兔子了，还把小兔子抱在怀里，一边逗小兔子玩，一边吃饭。

在"消退"的过程中，恐惧者对所恐惧的事物有了正确认识，原来的不良情绪与条件反射中断，新的联系建立，恐惧自然就消失了，但消退往往需要一定的时间，与恐惧对象接触、对恐惧对象建立新的认识是消除恐惧的关键。

被罚站的乐乐在妈妈的鼓励下又去了学校，经过妈妈和老师沟通后，罚过乐乐站的语文老师通过课堂提问的方式表扬了乐乐几次，下课时还和乐乐谈心，表示自己很喜欢乐乐，以前批评乐乐的目的是希望乐乐能学好语文。于是乐乐重新喜欢上了语文老师，并且越来越喜欢学校生活了。

与"爱屋及乌"一样，恨一所房子就会连带着恨屋檐上的乌鸦，这就是"恨屋及乌"了，但是如果当事人能和乌鸦多接触，认识到乌鸦只是偶尔停留在房檐上，就会逐渐恢复对乌鸦的客观认识，不但不再讨厌乌鸦，还慢慢会喜欢上房屋呢。

环境决定一切

在华生看来，后天的发展环境和教育对于一个人的成才要远比天资重要得多。他曾用一句充满霸气，又信心十足的经典名言阐述了他的教育万能论:“给我十几个健康的婴儿,并让我在自己设置的特定环境中教育他们,那我可以保证,任意挑选其中一个婴儿,不管他们的喜好、能力、天分等如何,我都可以把他们训练成一名医术高超的医生,或一位能言善辩的律师,或者是才华横溢的艺术家,以及家财万贯的富商。”

他的这一观点也引来了心理学界里一场激烈的舌战,如同“华山论剑”一样,众多门派纷纷提出自己的一家之言。华生作为行为主义的代表,用他雄辩的口才,锐利的笔锋一一给予了回应。虽然他的观点片面夸大了环境的决定作用,但现实生活中的无数事实证明,环境对一个人的影响是十分巨大的,我国“孟母三迁”的故事就很好地印证了这一点。

孟子小的时候和母亲住在墓地旁边,孟子就和邻居的小孩一起学大人跪拜、哭嚎的样子,玩起办理丧事的游戏。孟子的妈妈看到了,就皱起眉头:“不行!我不能让我的孩子住在这里了!”孟子的妈妈就带着孟子搬到市集,靠近杀猪宰羊的地方去住。到了市集,孟子又和邻居的小孩学起商人做生意和屠宰猪羊的事。孟子的妈妈知道了,又皱皱眉头:“这个地方也不适合我的孩子居住!”于是,他们又搬家了。这一次,他们搬到了学校附近。每月夏历初一这个时候,官员到文庙,行礼跪拜,互相礼貌相待,孟子见了之后都学习记住。孟子的妈妈很满意地点着头说:“这才是我儿子应该住的地方呀!”于是居住在了这个地方。

的确,一个良好的生活环境对人的成长及品格的养成至关重要,人应该接近好的人、事、物,这样才能学到好的习惯。“近朱者赤,近墨者黑”,就是这个道理。要造就一个人,健康成长的环境尤其重要,如果一个人身处良好的环境,那么他的思想和行为就会得到正确的指导和发展,反之,则有可能走上邪路。可见环境对一个人的成长是多么的重要啊!

而当我们无法选择或者改变恶劣的环境时,我们唯一能做的就是化被动为主动,努力改变自己,克服困境,只有这样方能提高自我。天资聪慧的方仲永由于缺少后天的勤奋学习,最终沦为一个普普通通的人。德

摩斯梯尼天生口吃，嗓音微弱，还曾经由于发音不清多次被轰下讲坛。但他虚心学习发音，甚至还含着石子朗读，迎着大风和波涛讲话，最终成为举世闻名的演讲家。阿甘先天弱智，但自强不息的他不仅被大学破格录取，从军之后还作为战斗英雄受到了约翰逊总统的接见，最后还阴差阳错地发了大财，成了亿万富翁。尽管上帝收回了海伦·凯勒的视力和听觉，但是莎莉文老师的出现再次带给了海伦心灵的光明与色彩。她不仅完成了学业，还获得了诸多殊荣，甚至还得到了总统自由勋章……虽然环境不能决定一切，但是环境的重要影响我们不能忽视。

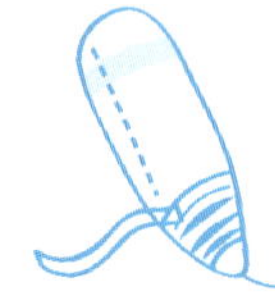

人物评价

华生戏剧性的一生充满了大喜大悲、大得大失，就连他的学术也充溢着大是大非。它既吹响了革命的号角，又成为别人攻击的靶子。作为行为主义的一代宗师，华生不仅建立了宏大的行为主义理论体系，而且还通过各种途径，使行为主义心理学走进生活，贴近大众。从华生身上，我们看到的是他为理想而艰苦奋斗，面对挫折时的坚忍不拔。华生对心理学的贡献，就像一座丰碑留在了人们的心中。他那标新立异的风采、鲜明张扬的个性、勇于进取的精神、脚踏实地的做派以及独特新颖的视野，让我们永远记住了他那充满传奇色彩的人生，留给我们无限的智慧与启迪。

爱"偷懒"的心理学家——罗杰斯

罗杰斯(Carl Ransom Rogers，1902～1987)，美国心理学家，人本主义心理学的理论家和发起者，心理治疗家，被心理学史学家誉为"人本主义心理学之父"。他提出的"来访者中心"疗法以及"合理情绪疗法"，直到现在仍是最有代表性的心理疗法之一。他提出并完善了"人格的自我理论"。1946～1947年担任美国心理学会主席。1949～1950年任美国临床与变态心理学会主席。1956年，他提出心理治疗客观化的新方法，并因此获得美国心理学会的卓越科学贡献奖。1972年，又获得美国心理学会卓越专业贡献奖。

成长经历

曲曲折折求学路

1902年1月8日，罗杰斯生于芝加哥郊区的奥克帕克。家中有六个孩子，他排行老四。罗杰斯的父亲是位成功的土木工程师，对子女的管教非常严格。母亲则慈爱，富有感情。两个人都是虔诚的基督教徒。幼年的罗杰斯内向、害羞，但很聪明，并且喜爱阅读。12岁的时候，罗杰斯全家迁到了一个离芝加哥30英里的农场，那是一个依山傍水的好地方。这大大满足了内向的罗杰斯，因为他可以自由地享受这大好的风光，并且不受任何人的打扰。除了这些之外，农场里的农作物、动物对年幼的罗杰斯也特别具有吸引力。他爱观察，爱思考，脑袋里充满了种种疑问：收割机是怎么工作的，庄稼是怎样长出来的，为什么树叶会变黄等等，他对这些都颇感好奇，对科学和农艺产生了浓厚的兴趣。所以当1919年考入威斯康星大学时，他毫不犹豫地读了农业。但后来由于受到父母的影响，他很快就放弃了，并决定改学宗教。然而，他又于1924年获得文学学士学位，1928年获得文学硕士学位。这实在叫人猜不透，难道他想把所有的东西都学个遍吗？其实在这期间，他都没有放弃宗教的学习，后来又去了纽约的联合神学院读研究生，准备当牧师。他说，在纽约的学习非常有意思，他的新经历扩展了他的思考。他还曾作为世界基督教联盟成员到北京去交流。也正是由于这次的经历，罗杰斯开始对宗教观念进行质疑，他发现宗教在许多事情面前是苍白无力的，最重要的还是人。所以他就经常和神学院的几个同学去哥伦比亚大学旁听心理学课程，也就是在这个时候，他与心理学正式结缘了。

随着对心理学热情的加深，他毅然离开了教堂，不顾父母的反对，前往哥伦比亚大学正式学习心理学，并于1931年获得哲学博士学位。离开学校后，他开始一展抱负，在心理学领域大展拳脚。他曾出任纽约罗切斯特"禁止虐待儿童协会"儿童社会问题研究室主任，后又任罗切斯特儿童指导中心主任。1940年他被特聘为俄亥俄州立大学心理学教授。1951年，他出版了《患者中心治疗：它目前的实施、含义和理论》一书，十年后《成为一个人：一个治疗者的心理治疗观点》问世，从此心理学又诞生了一位巨人。

师傅领进门，修行在个人

罗杰斯是一个爱偷懒的心理学家，因为他总是说："我能为你做的就是督促你，为你提供一个支持性的环境，我不会也不能为你做任何事，所有的事情还需要你自己去做，去努力。"每当病人抱怨为什么不能清清楚

楚、按部就班地给他们安排明白的时候，他总是笑着说："师傅领进门，修行在个人。"这还是他在北京交流学习的时候学到的。这句话来自于鲁班和他的徒弟泰山。

鲁班是木匠的祖师爷，手艺巧夺天工，非常高明。传说他曾经用木头做成飞鸟，在天上飞了三天三夜都不下来。泰山附近住着一对夫妇，由于老两口就只有这一个儿子，所以对他疼爱有加，寻访各地高人，想为儿子讨一个好名字，保佑他可以健健康康，平平安安。后来得到一个道士的指点，便给儿子取了个响亮的名字叫泰山。夫妇俩听闻鲁班的手艺极好，就想把自己的孩子送去鲁班那里学艺，将来也好挣口饭吃，安安稳稳过一辈子。那时泰山才只有十岁，有些笨笨的，做什么都要慢人家好几拍。一年以后，鲁班见他手艺还是没有什么长进，就提早解除了师约，让泰山回家了。几年以后，鲁班到泰山买柏木做云梯，在街上发现有许多做工精良的家具，做得惟妙惟肖，很受人们的欢迎。鲁班心想，这人是谁啊，有这么好的手艺。这时一个人走过来说："他就是你的徒弟泰山啊。"鲁班大为吃惊。原来泰山回家之后，并没有放弃钻研，他并不是笨，而是他采用了自己的方式将鲁班教的知识反复研习，才使得进度放慢了下来，但他将学到的都熟记于心，并且精益求精，所以有了今天的成果。

罗杰斯总爱用这个故事来告诫那些来访的人，不要太指望什么神秘的心理治疗的魔力，最重要的力量永远在自己身上，奥秘的知识、玄妙的潜能开发、炫目的成功学等等，都远不如自己身上的力量重要。我们总是习惯去外界寻找答案，去别人那里寻找力量，结果竟忘记了力量全在自己身上。

给自己一个合理的解释

罗杰斯还有一个特别著名的方法——“情绪合理化”。他认为，有些时候人们之所以会感到烦恼痛苦，不是因为他们遇到的事情有多糟糕或者遭受的打击有多强烈，而是因为他们不能合理地对这些事情或遭遇进行解释。

有位秀才第三次进京赶考，住在一个常住的店里。考试的前两天，他做了三个梦：第一个，他梦到自己在高墙上种白菜；第二个，他梦到自己走在雨中，戴着斗笠还打着伞；第三个，他梦到自己和心爱的人在一起，背对着背。他总觉得这三个梦预示着什么。他想了许久。之后他开始收拾包袱，准备回家。店老板见了非常奇怪，于是问他：“你明天不是要赶考了吗，怎么要走了呢？”秀才一脸愁容，无奈地说：“我做了三个梦。第一个梦到我在高墙上种白菜。你想想，在高墙上种白菜，不是白费劲吗？又梦到下雨天我戴着斗笠又打着伞，这不是多此一举吗？还梦到我虽然和心爱的人在一起，但是却背对着背，不就是说没戏吗？”听完秀才的描述，店老板乐了，笑着说：“哎呀，正好我也会破梦。我觉得这个梦应该是这样的：高墙上种白菜不就是高中(高种的谐音)吗？下雨天戴着斗笠还打着伞，说明你有备无患啊。跟心爱的人在一起，还背对着背，可见你翻身(转身)的时候到了啊。”秀才一听，觉得说得甚是有理。于是精神振奋地参加考试，居然考中了探花。

很多时候，我们也会犯秀才这样的错误，遇到事情之后就牢骚满腹，郁郁寡欢。塞翁失马，焉知非福。看事情不能只看一面，不能让满腹的愁绪掩蔽了背后的幸运，而是要给自己一个合理的解释。

请看下面几幅图片，如果每幅图片，你都可以看到两个或两个以上

的图像，那么你就有可能是一个能从多个角度考虑问题的人。

苏格拉底的智慧

虽说使情绪合理化可以帮助人们解决问题，减少烦恼，但并不是所有的人都能做到多角度地分析、思考问题，就像不是所有的人能在上面的每幅图中看到两个图像一样。既然如此，那该怎么办呢？爱偷懒的罗杰斯这回还是偷了个懒——借用苏格拉底的智慧。

有一次苏格拉底与一位青年学生讨论道德问题。

苏格拉底问这位青年："人人都说要做有道德的人，你能不能告诉我什么是道德呢？"

那位青年回答说："做人要忠诚老实，不能欺骗人，这是大家公认的道德行为。"

苏格拉底接着问道："你说道德就是不能骗人，那么在和敌人交战的时候，我方的将领为了取得胜利，总是想尽办法欺骗和迷惑敌人，这种欺骗是不是道德的呢？"

青年回答说："对敌人进行欺骗当然是符合道德的，但欺骗自己人就是不道德的了。”

苏格拉底接着问:“在我军和敌人作战时,我军被包围了,处境困难,士气低落,我军将领为了鼓舞士气,组织突围,就欺骗士兵说,我们的援军马上就到,大家努力突围出去。结果士气大振,突围成功。你能说将军欺骗自己的士兵是不道德的吗?”

青年回答说:“那是在战场上,在我们的日常生活中不能欺骗人。”

苏格拉底接着问道:“在日常的生活,我们常常会遇到这种情况。儿子生病了,父亲拿来药给儿子吃。可是儿子不愿吃,于是父亲骗儿子说,这不是药,是一种好吃的东西,儿子吃了病就好了,你说这种欺骗是不道德的吗?”

青年只好说:“这种欺骗是符合道德的。”

苏格拉底说:“不骗人是道德的,骗人也是道德的,那么什么才是道德呢?”

青年满脸尴尬地说:“你把我弄糊涂了,以前我还知道什么是道德,但现在我都不知道什么是道德了,那么您能告诉我什么才是道德吗?”

苏格拉底笑着说:“道德就是道德本身。”

罗杰斯发现在求助的来访者中,其实有很多的人,他们的问题就在于被自己的不合理解释紧紧地套住了。他们思路狭窄,总爱钻牛角尖;他们总是过分地夸大事实,而且将现状看做一成不变的;他们自相矛盾,或悲痛难耐,或者气愤难平。苏格拉底的这种辩论方法给了他很大的启示。他发现,如果利用苏格拉底的这种辩论,他完全可以借助来访者自己的语言,与他们进行层层辩论,抽丝剥茧,以子之矛攻子之盾,问题就迎刃而解了。

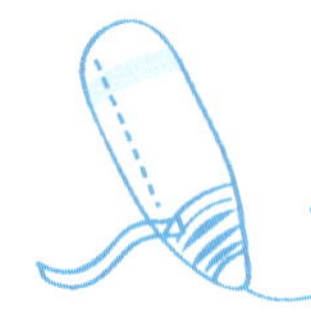

人物评价

罗杰斯一生都致力于心理问题的治疗。他爱"偷懒"不是因为他不负责任，恰恰相反，是因为他重视人的潜能，尊重人的价值。他相信每个人都具有自我实现的趋向，所以他认为心理学应该还给人以尊严，并且无条件地尊重他人。他一直在履行着自己的诺言，帮助人们重拾自信。他的理论、他的思想我们不一定完全认可，但是我们要相信他说的，每个人都有力量、有能力战胜痛苦，从而走上自我完善的大道。

做最好的自己——马斯洛

马斯洛（Abraham Maslow，1908～1970），美国社会心理学家、人格理论家和比较心理学家，人本主义心理学的主要发起者和理论家，心理学第三势力的领导人。他的理论核心是人通过满足多层次的需要，实现自我，达到"高峰体验"，找到人的价值，实现完美人格。1969年成为加利福尼亚劳格林慈善基金会第一任常驻评议员。1967~1970年被选为美国心理学学会主席，对人本主义心理学做出了无与伦比的贡献。

成长经历

以书为友

马斯洛出生于纽约市布鲁克林区的一个犹太家庭。父母是从苏联移民到美国的犹太人，他是家中七个孩子的老大。从小父亲对他们的要求就十分苛刻。据马斯洛回忆，他的童年生活十分孤独和不幸，从未得到过母亲的关爱。不仅如此，作为犹太人，他们住在一个非犹太人的街区。上学之后，他又是学校少有的几个犹太人之一，因此常常遭到别人的冷眼和排挤。父母的冷漠以及旁人的歧视，这一切都使得马斯洛成为一个害羞又敏感的孩子，这种影响甚至伴随了马斯洛一生。在他成名之后，他还是摆脱不掉在众人面前讲话的焦虑。

为了寻求安慰，马斯洛找到了一个避难所——街区的图书馆。因为他觉得，只有在这里，在图书、在知识面前，众人才是平等的：都是从无到有、不断地汲取。自此，不管他是伤心难过，还是孤独寂寞，或是闲来无聊的时候，他都会跑到这里来，书籍成了他唯一的朋友。在书中，他能得到安慰，受到鼓舞和启示；在书中，他才能发现生活的乐趣、生命的美好。可以说马斯洛就是在图书馆的书籍中长大的。也正是因为早早地受到了这些知识的熏陶，上学之后的马斯洛表

现出奇高的天赋。他的学习成绩十分优秀，在学校里的状况也有所改善。不过去图书馆已经成了他改不掉的习惯，他还是一有时间就泡在图书馆里，他说只有在那里，他的内心是平静的、安逸的。

找到自己

图书馆不仅是马斯洛的避难所，也是马斯洛找到自己的地方。在书里，马斯洛“遇到”了两位了不起的人物，他们的品格与智慧，改变了马斯洛的一生。

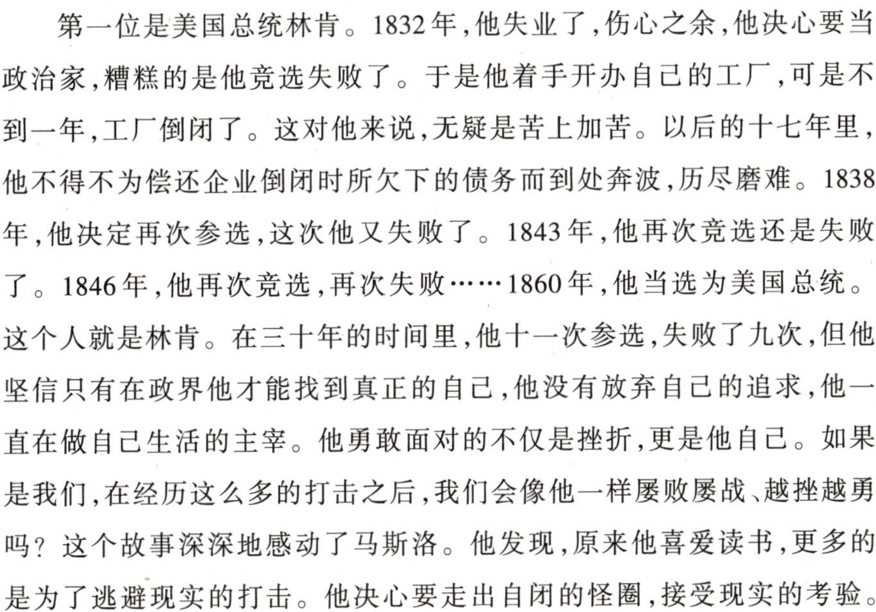

第一位是美国总统林肯。1832年，他失业了，伤心之余，他决心要当政治家，糟糕的是他竞选失败了。于是他着手开办自己的工厂，可是不到一年，工厂倒闭了。这对他来说，无疑是苦上加苦。以后的十七年里，他不得不为偿还企业倒闭时所欠下的债务而到处奔波，历尽磨难。1838年，他决定再次参选，这次他又失败了。1843年，他再次竞选还是失败了。1846年，他再次竞选，再次失败……1860年，他当选为美国总统。这个人就是林肯。在三十年的时间里，他十一次参选，失败了九次，但他坚信只有在政界他才能找到真正的自己，他没有放弃自己的追求，他一直在做自己生活的主宰。他勇敢面对的不仅是挫折，更是他自己。如果是我们，在经历这么多的打击之后，我们会像他一样屡败屡战、越挫越勇吗？这个故事深深地感动了马斯洛。他发现，原来他喜爱读书，更多的是为了逃避现实的打击。他决心要走出自闭的怪圈，接受现实的考验。

第二位是心理学家阿德勒。青少年时期的马斯洛，曾因体弱貌丑而极度自卑。后来马斯洛读到了阿德勒的著作《超越自卑》，受到了很大的启发。之后他便将更多的精力投诸学习与研究中，以补偿自身的缺陷，并最终获得了优秀的成绩。1926年，他考入了康奈尔大学，1934年获得博士学位，之后留校任教，1937年任纽约布鲁克林学院副教授，1951年被聘为布兰戴斯大学心理学教授兼系主任。

学术成就

做自己的主人

动机理论是马斯洛的人格理论中心，我们简单将动机理解为“每个人做某件事的目的或者意图。比如努力学习是为了取得好成绩，参加体育运动是为了身体健康。有些时候，我们是为了自己这么做的，这时候我们是自己的主人。但也有的时候，我们是因为别人才这么做的，这时候我们则成了别人的奴隶。

一群孩子每天都在一位老人家门前嬉闹，叫声连天，吵得老人实在难以忍受。一天，老人实在受不了了，于是他出来给了每个孩子五块钱。对他们说：“你们每天在这里玩，这儿一下子变得热闹多了，我觉得自己年轻了不少，这些钱你们拿去买玩具吧，就当是对你们的感谢。”孩子们乐开了花，纷纷跑去买零食、买玩具。

第二天这群孩子又来了，还是像往常一样，嬉笑打闹，吵闹非凡。这次老人又出来了，不过他这次给了每个孩子两块钱。他解释说自己年纪大了，没有工作也没有退休金，只能少给一些。虽然孩子们没有得到像上次那么多的钱，不过他们还是兴高采烈地走了。

第三天，这群孩子早早地就到了老人的门口，满心希望能得到更多的钱。让他们失望的是，老人这次只给了每个孩子五毛钱。孩子们勃然大怒：“玩一天才给五毛钱，知不知道我们多辛苦啊，以后再也不为你玩了！”

在这个寓言中，老人将孩子们的动机“为自己快乐而玩”变成了“为得到钱而玩”。由于老人操纵着钱的多少，所以他也操纵了孩子们的行为。在我们的日常生活中也是一样，我们常常被父母用物质奖励控制着，如果考第一名就送psp，有进步就请吃肯德基。但若是我们做了一点儿令父母不满意的事情，他们就以取消这些奖励来威胁我们，让我们既生气又无奈。所以我们一定要做自己的主人，为自己成才而学习，为自己快乐而探索，不要被别人掌控。

建造自己的金字塔

千百年来，人们对古老神秘的金字塔做过千万次的设想、千百次的探索，但对于它是如何建造的，人们还是百思不得其解。然而，马斯洛却惊奇地发现了人类建造自己的“金字塔”的秘密。他发现，每个人都有自己的“金字塔”，形态各异，高矮不一。最完美的“金字塔”总共有五层。

第一层：生理需要。所谓民以食为天。食物是人生存的基本条件，在颗粒无收、饥寒交迫的年代，为了食物人们会做出任何事情，哪怕是动物一样的兽性行为。追求温饱的力量是强大而不可估量的。

第二层：安全。有饭吃固然是好，可是什么时候才能过上安稳的日子呢？所谓安居才能乐业。安全稳定的环境也是我们需要的。

第三层：感情。亲情、友情、爱情，这都是人类宝贵的财富。人生所贵在知己，四海相逢骨肉亲。人是社会的动物，不管到哪里，都需要有人陪伴。

第四层：自尊。自尊是一个人灵魂中的伟大杠杆。自尊是一种力求完善的动力，是一切伟大事业的渊源。只有有尊严的活着，生命才会散发出高贵的气质。

第五层：自我实现。这是人一生的追求。不论生命的长短，不论出身的贫贱，每个人的心中总会高高挂着一个愿望。正是这个愿望才使得苍白的生命变得鲜活而明亮。

在马斯洛看来，虽然我们建造金字塔的顺序是一致的，但是未必所有的人都可以建到最后一层。有的人可能会建到第三层，有的人可能会到第四层。建得越高，拥有的也就越多，但建造的难度也就更大。在马斯洛看来，每个人都有建到最后一层的潜力。当你站在塔尖，昂首仰望或者低头俯瞰，你会产生一种欣喜若狂、如醉如痴的感觉，这就是马斯洛所说的“高峰体验”，是人之存在的最完美、最和谐的状态。能够达到这个高度的人，他们有足够的自信真实地表现自己。他们可以积极地应对或改造自身的不足，他们具有极大的力量和意志，充分地体验自然和人生中的一切美好东西。

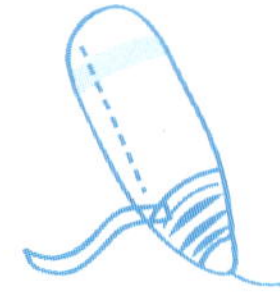

人物评价

著名的哲学家尼采有一句名言：成为你自己。马斯洛在自己漫长的生命历程中，不仅将毕生精力致力于此，更以独特的人格魅力证明了这一思想，成功地树立了一个具有开创性的形象。有人说：“马斯洛心理学是人类了解自己过程中的一块里程碑”。还有人说：“正是由于马斯洛的存在，做人才被看成是一件有希望的好事情。在这个物欲横流、信息爆炸的世界里，他看到了光明与前途，他把这一切与我们一起分享。”如果说弗洛伊德为我们提供了心理学病态的一半，而马斯洛则是将那健康的一半补充完整。

图书在版编目(CIP)数据

走近心理学大师 / 冯廷勇主编. ——重庆: 西南师范大学出版社, 2012.5

ISBN 978-7-5621-5707-6

Ⅰ. ①走… Ⅱ. ①冯… Ⅲ. ①心理学家－生平事迹－世界－青年读物②心理学家－生平事迹－世界－少年读物
Ⅳ. ①K815.1

中国版本图书馆CIP数据核字(2012)第078414号

青少年心理成长护航丛书

丛书主编:李　红
副 主 编:赵玉芳　张仲明　高雪梅
策　　划:郑持军　卢　旭

走近心理学大师

主编　冯廷勇　**副主编**　张　笑　何颖操

责任编辑:钟小族
责任校对:陈　燕
装帧设计:曾易成　杨文君
照　　排:陈智慧
出版发行:西南师范大学出版社
　　　　　地址:重庆市北碚区天生路1号
　　　　　邮编:400715　市场营销部电话:023-68868624
　　　　　http://www.xscbs.com
经　　销:新华书店
印　　刷:重庆紫石东南印务有限公司
开　　本:720mm×1030mm　1/16
印　　张:11
字　　数:143千字
版　　次:2012年6月　第1版
印　　次:2015年8月　第3次印刷
书　　号:ISBN　978-7-5621-5707-6

定　　价:24.00元

衷心感谢被收入本书的图文资料的原作者,由于条件限制,暂时无法和部分原作者取得联系。恳请这些原作者与我们联系,以便付酬并奉送样书。

若有印装质量问题,请联系出版社调换